Kleine Diogenes Taschenbücher 70049

Michel de Montaigne

Um recht zu leben

Eine Auswahl aus den Essais

Aus dem Französischen von

Hanno Helbling

Mit einem Nachwort von

Egon Friedell

Diogenes

Die hier versammelten Essais sind
eine Auswahl aus dem 1993 im
Diogenes Verlag erschienenen Band:
Michel de Montaigne, *Essais*, Eine Auswahl,
vorgestellt von André Gide
Das Nachwort von Egon Friedell ist der
Kulturgeschichte der Neuzeit, Teil I,
München 1927, entnommen

Umschlagillustration: Paul Cézanne,
›Stilleben mit Granatapfel, Birnen
und Zitrone‹, 1893–94

Veröffentlicht als
Kleines Diogenes Taschenbuch, 1996

500/96/51/1
ISBN 3 257 70049 0

Inhalt

Der Autor an den Leser

Dies ist ein aufrichtiges Buch. Es kündigt dir zum Eingang schon an, daß ich damit keine andere als eine private und persönliche Absicht verfolgt habe; es war nicht mein Bestreben, dir zu dienen oder mir Ruhm zu verschaffen: zu solchem Beginnen reichen meine Kräfte nicht aus. Ich wollte es meinen Verwandten und Freunden zu Gefallen tun: Wenn sie mich werden verloren haben (was recht bald schon sein muß), können sie darin einige Züge meiner Lebensart und Gemütsart wiederfinden und um so vollständiger und lebendiger ihre Kenntnis von meiner Person bewahren. Wäre es mir um den Beifall der Öffentlichkeit zu tun gewesen, ich hätte mich mit entliehenen Vorzügen geschmückt oder mich von meiner besten Seite gezeigt. Ich will aber, daß man mich hier in meiner natürlichen, schlichten, gewöhnlichen Art sieht, ohne Kunst und ohne Anstrengung; denn ich male mich selbst. Meine Fehler, meine Unvollkommenheiten, mein innerstes Wesen wird man abgebildet finden, soweit es die Schicklichkeit irgend erlaubt. Hätte ich in einer jener Nationen gelebt, die noch, wie es heißt, die sanfte Freiheit der ersten Naturgesetze genießen, ich hätte mich gerne völlig und nackt gemalt. So bin ich, mein Leser, selber der Gegenstand meines Buches: es gibt keinen Grund, weshalb du deine Muße auf ein so eitles und nichtiges Thema wenden solltest.

Mit Gott denn; Montaigne, den 1. März 1580

Gedanken über den Tod

Das Ziel unseres Lebenslaufs ist der Tod; auf ihn müssen wir unseren Blick notwendigerweise richten. Wenn er uns schreckt, wie können wir dann einen Schritt tun, ohne zu schaudern? Das gemeine Volk hilft sich damit, daß es nicht an ihn denkt. Woher aber nimmt es die Dummheit und Roheit für solche Verblendung?

[...]

Welche Torheit, sich auf diese Art durchzuhelfen. Die Menschen gehen, kommen, laufen, tanzen; vom Tod haben sie nichts gehört. Das ist alles recht schön; aber wenn er dann kommt, ob zu ihnen, ob zu ihren Frauen, Kindern und Freunden, unerwartet, am hellen Tag, welche

Qual, welch Geschrei, welche Wut! Und welche Verzweiflung ergreift sie! Hat man je schon etwas so Ausgewechseltes, Bedrücktes und Verwirrtes gesehen? Wir müssen uns früher darauf gefaßt machen; dieses viehisch unbekümmerte Wesen, dürfte es sich in dem Kopf eines verständigen Mannes einnisten, was mich völlig unmöglich dünkt, wir können es uns nicht leisten. Wenn es ein Feind wäre, dem man ausweichen kann, würde ich raten, Zuflucht bei der Feigheit zu nehmen; doch da dies nicht angeht, da er euch doch erwischt, ob ihr feig seid und flüchtet oder euch haltet wie ein redlicher Mann, und da euch kein Harnisch schützt, so laßt uns lernen, in festem Stand den Kampf mit ihm aufzunehmen.

[...]

Mehr noch: ich weiß aus Erfahrung, daß die Natur uns selbst beisteht und uns

Mut verleiht. Ist es ein rascher, gewaltsamer Tod, so haben wir keine Zeit, ihn zu fürchten; ist er von anderer Art, so bemerke ich, daß ich in eben dem Maße, wie ich auf seine Annäherungen und auf die Krankheit eingehe, ganz unwillkürlich und von selbst das Leben ein wenig geringer schätze. Es macht mir weit mehr zu schaffen, die Entscheidung für den Tod zu verdauen, wenn ich bei voller Kraft und Gesundheit als wenn ich krank bin: zumal ich da nicht mehr so sehr an den Annehmlichkeiten des Lebens hänge, weil ich mich ihres Genusses und der Freude an ihnen zu entwöhnen beginne; so erblicke ich den Tod mit viel geringerem Schrecken. Und dies läßt mich hoffen, daß ich, je weiter ich mich von jenem entferne und diesem mich nähere, um so leichter auf den Tausch werde eingehen können. Gerade so, wie ich bei andern Gelegenheiten bestätigt fand, was Cäsar gesagt hat: daß uns die Dinge oftmals von weitem größer erscheinen als aus der Nähe, so eben habe ich festgestellt, daß mir vor den Krankheiten viel mehr graute, wenn ich gesund war, als wenn ich sie spürte. Solange ich munter, rüstig und vergnügt bin, will mir jener andere Zustand so ungleich dem jetzigen erscheinen, daß ich in meiner Einbildung das Unangenehme um die Hälfte vergrößere und es mir schwerer vorstelle, als wenn ich es auf dem Hals habe; ich hoffe, daß es mir mit dem Tod nicht anders ergehen werde.

[...]

Man soll nichts beginnen, was lange Zeit währen wird, oder man darf nicht sein Herz daran hängen, es vollendet zu sehen. Wir sind geboren, um tätig zu sein. Ich meine, wir sollen nur immerzu tätig sein; der Tod soll mich antreffen, wie ich meinen Kohl pflanze, unbesorgt um seinetwillen und erst recht um meinen unfertigen Garten.

Von der Gewohnheit

Die Gesetze des Gewissens, von denen wir meinen, sie stammten aus der Natur, sind Kinder der Gewohnheit. Ein jeder hält für sich die Auffassungen und die Sitten hoch, die um ihn her gebilligt und als gültig anerkannt werden; er kann sich ihnen nicht ohne Gewissensbisse entziehen, sich ihnen nicht ohne Beifall fügen.

[...] Die hauptsächliche Wirkung ihrer Macht besteht jedoch darin, uns dergestalt zu ergreifen und einzunehmen, daß wir kaum noch die Kraft haben, uns ihnen zu entziehen und in uns selber zurückzukehren, um das Für und das Wider ihrer Weisungen zu bedenken. Da wir sie nämlich mit unserer Muttermilch einsaugen und sich das Antlitz der Welt uns zuerst in diesem Aussehen darstellt, scheinen wir dazu geboren zu sein, dieser Bahn zu folgen. Und die gewöhnlichen Vorstellungen, die wir um uns anerkannt und mit dem Samen unserer Väter in uns eingepflanzt finden, dünken uns allgemein und natürlich.

Daher glaubt man von dem, was nicht im Rahmen der Gewohnheit ist, es sei auch nicht im Rahmen der Vernunft; Gott weiß, wie sehr gerade dies zumeist der Vernunft widerspricht! [...] Man nimmt aber den Rat und die Lehre der Wahrheit an, als gälten sie nicht einem selbst, sondern nur dem gewöhnlichen Volk; und statt sie dem eigenen Lebenswandel aufzuprägen, prägt man sie töricht- und unnützerweise seinem Gedächtnis ein.

Was aber die Herrschaft der Gewohnheit betrifft, so halten die Völker, die zur Freiheit und zur Selbstregierung erwachsen sind, jede andere Staatsform für ungeheuerlich und widernatürlich. Diejenigen, die sich der Monarchie unterziehen, halten es ebenso; und welch einfache Veränderung ihnen das Glück auch anbietet, sie haben selbst dann, wenn sie sich mit der größten Mühe eines lästigen Gebieters entledigt haben, nichts Eiligeres zu tun, als mit ebensolcher Mühe einen anderen einzusetzen, weil sie sich nicht entschließen können, das Regiment zu hassen. Dank der Vermittlung der Gewohnheit ist ein jeder mit dem Ort zufrieden, an den die Natur ihn gesetzt hat; und die Wilden in Schottland bekümmern sich so wenig um die Touraine wie die Skythen um Thessalien.

[...]

Die Gewohnheit entzieht unserem Blick das wahre Antlitz der Dinge.

[...] Wer aber versucht, sich des mächtigen Vorurteils der Gewohnheit zu entledigen, der wird manches finden, das durch unangefochtenen Beschluß angenommen worden und durch nichts weiter gestützt ist als durch den Silberbart und die Runzeln des Brauchs; reißt er die Maske ab, bezieht er die Dinge auf die Wahrheit und auf die Vernunft, so wird er sein Urteil umgestoßen und gleichzeitig auf festeren Grund gestellt finden.

[...]

Diese Betrachtungen bringen keinen verständigen Mann davon ab, sich gemeiner Lebensweise zu fügen. Vielmehr scheint mir umgekehrt, daß jede ausgefallene und eigentümliche Aufführung eher von Narrheit oder von ehrgeiziger Ziererei herrührt als von wahrer Vernunft, und daß der Weise zwar seine Seele aus dem Gedränge in sich selber zurückziehen und ihr die Freiheit und Vollmacht des

Urteils über die Dinge erhalten, äußerlich aber den eingebürgerten Formen sich fügen soll. Unsere Gedanken gehen die Gesellschaft, das öffentliche Wesen nichts an; aber das übrige, unsere Handlungen, unsere Arbeit, unsere Güter und unser Leben, sollen wir in ihren Dienst stellen und gemeiner Auffassung überantworten: so wie der gute und große Sokrates sich geweigert hat, durch Ungehorsam gegen die Obrigkeit, und eine höchst ungerechte Obrigkeit, sein Leben zu retten. Denn dies ist die Regel aller Regeln und das allgemeinste Gesetz, daß ein jeder die Gesetze des Ortes einhalte, an dem er ist.

Von der Erziehung

Ich habe nie einen Vater gesehen, der seinen Sohn, ob er auch bucklig und lahm war, nicht als den seinen erkannte; und dies nicht deshalb, weil er im Überschwang des Gefühls seine Schwäche nicht wahrgenommen hätte; sondern nur weil es eben sein Sohn war. So sehe auch ich genauer als jeder andre, daß dies hier die Träumerei, und nichts weiter, eines Menschen ist, der als Kind nur die oberste Schicht von den Wissenschaften gekostet und nur einen allgemeinen und verschwommenen Eindruck von ihr bewahrt hat: ein bißchen von jedem, und nichts im Ganzen, nach der Art der Franzosen. Das heißt, ich weiß, daß es eine Heilkunst, eine Rechtsgelehrsamkeit, eine vierteilige Mathematik gibt, und worauf sie ungefähr abzielen; auch, was diese Wissenschaften für unser Leben wohl etwa bedeuten. Doch nie bin ich weiter vorgedrungen und habe mir nie die Fingernägel beim Studium des Platon oder des Aristoteles abgebissen. Und es gibt keine Kunst, von der ich auch nur die äußersten Umrisse angeben könnte; und auch kein Kind der mittlern Klassen gibt es, das sich nicht gelehrter nennen dürfte als ich, der ich nicht genug weiß, um es über seine erste Lektion auszufragen. Zwingt man mich aber dazu, so bin ich genötigt, etwas daraus zu ziehen, das allgemein gelten mag und woran ich das natürliche Urteilsvermögen des Kindes erkunden kann: ein Unterricht, der ihm ebenso fremd ist wie mir der seine. [...]

Meine Vorstellungen und meine Urteile gehen nur tastend, schwankend, stolpernd und strauchelnd voran; und wenn ich so weit gekommen bin, wie es mir möglich ist, bin ich durchaus nicht zufrieden: ich sehe immer noch Land vor mir, aber verschwommen und in einem Nebel, den ich nicht durchdringen kann.

[...]

Ein Kind aus gutem Hause, das sich mit Literatur und Wissenschaft vertraut machen möchte, nicht des Gewinnes wegen (denn ein so niedriges Ziel ist der Gunst und der Gnade der Musen nicht würdig und macht dazu noch von anderen abhängig) und nicht so sehr um äußerer Annehmlichkeiten als um seiner selbst willen und um sich inwendig zu bereichern und zu verschönern, da es denn lieber ein weltläufiger als ein gelehrter Mann werden möchte, für ein solches Kind sollte man einen Erzieher wählen, der eher einen wohlgeratenen als einen vollgestopften Kopf hätte. Man sollte auf beides achten, aber mehr auf Sitten und Verstand als auf das Wissen; er aber sollte sich seines Amts auf eine neue Weise annehmen.

Man schreit uns unaufhörlich die Ohren voll, als gösse man in ein Faß, und wir brauchen nur zu wiederholen, was man uns vorgesagt hat. Er sollte diese Methode verbessern und sollte den Zögling von Anfang an, je nach dessen Gesichtskreis, auf die Probe stellen, ihm die Dinge zu schmecken, zu wählen, zu unterscheiden geben, ihm bald den Weg zeigen, ihn bald vorangehen lassen. Er sollte nicht nur sich etwas ausdenken und reden, er soll auch zuhören, wie der Schüler spricht. [...]

Wir machen ihn sklavisch und feige, wenn wir ihm nicht die Freiheit gewähren, aus sich selber etwas zu tun.

[...]

In dieser Schule des Umgangs mit Menschen habe ich oft den Fehler bemerkt, daß wir, statt andere kennenzulernen, uns selber bekannt machen wollen und eher bemüht sind, mit unserer Ware zu handeln, als uns neue zu besorgen. Schweigsamkeit und Bescheidenheit sind Eigenschaften, die dem Gespräch wohlbekommen. [...] Man lehre ihn, wählerisch zu sein bei der Anführung seiner Gründe, das treffende Wort und so auch die Kürze zu suchen; und besonders auch, sich vor der Wahrheit, sobald er sie sieht, geschlagen zu geben, ob sie nun aus der Hand seines Gegners kommt oder in ihm selbst, wenn er sich eines Bessern besonnen, entspringt.

[...]

Ich wollte, wir könnten bei Palvallo oder Pompeo, den schönen Tänzern unserer Zeit, Kapriolen lernen allein vom Zuschauen, ohne uns von der Stelle zu rühren, so wie uns diese unsern Verstand unterrichten wollen, ohne ihn zu bewegen und zu betätigen; oder daß man uns das Reiten beibrächte, oder eine Lanze zu führen, die Laute zu spielen, zu singen, ohne daß wir uns übten, so wie uns diese ein rechtes Urteil und gute Beredsamkeit lehren wollen, ohne daß wir das Reden oder das Urteilen üben. Nun dient uns zu solchem Urteile alles, was uns vor Augen kommt, als ein nützliches Buch: die Hinterlist eines Pagen, die Dummheit eines Bediensteten, eine Unterhaltung bei Tisch sind ebenso viele neue Materien.

Daher ist der Verkehr mit den Menschen zu dem Zweck höchst geeignet, und ebenso die Besichtigung fremder Länder, nicht nur um nach Art unseres französischen Adels berichten zu können, wie viele Schritte das Pantheon messe, wie kostbar das Unterzeug von Signora Livia oder, nach anderen, wieviel höher oder breiter Neros Gesicht auf dieser als auf jener alten Denkmünze sei, sondern um hauptsächlich von der Gemütsart und von der Aufführung jener Völker zu berichten und um unseren Sinn an dem der andern zu reiben und zu glätten. Ich wollte, man ließe den Zögling von frühester Kindheit an reisen, und zwar, um auf einen Schlag zweierlei zu erreichen, zuerst unter jenen Nachbarvölkern, deren Sprache am weitesten von der unsern entfernt ist und von der Zunge nicht mehr beherrscht wird, wenn man sie nicht beizeiten erlernt.

Es gilt auch als ausgemacht, daß es unklug sei, ein Kind im Umkreise seiner Eltern aufwachsen zu lassen: die natürliche Liebe macht auch die weisesten zärtlich und schwach; sie sind nicht imstand, seine Fehler zu bestrafen oder zuzusehen, wie es hart, nach der Regel und ohne Nachsicht erzogen wird; hart, nach der Regel und auch nicht ohne Gefahr. [...]

Es genügt nicht, seine Seele widerstandsfähig zu machen, auch seine Muskeln sollen es werden; die Seele muß zu viel aushalten, wenn sie nicht unterstützt wird, und hat zu viel Arbeit, wenn sie zwei Dienste versehen soll. Ich weiß, wie schwer die meine es hat in Gesellschaft eines so zarten, empfindlichen Körpers, der sich so gerne auf sie verläßt.

[...]

Die Seele, in der die Philosophie wohnt, muß durch ihre Gesundheit auch den Körper gesund machen; sie muß ihr Wohlergehen, ihre Ruhe und ihr Behagen nach außen leuchten lassen und die äußere Erscheinung nach ihrem Muster heranbilden, sie also mit stolzer Anmut, tätigem und fröhlichem Bezeigen, gesetztem und freundlichem Auftreten zieren und wappnen. [...]

Zweck der Philosophie ist die Tugend, welche sich nicht – wie die Schule meint – auf dem Gipfel eines steilen, rauhen und unerklimmbaren Berges findet. Wer zu ihr gelangt ist, weiß sie im Gegenteil in einer schönen, fruchtbaren, blühenden Ebene angesiedelt, von wo sie weithin auf alles herabsieht; wer aber Bescheid weiß, kann auch gemächlich, auf schattigen Wiesen- und Blumenwegen und über einen sanften, geebneten Anstieg als wie zum Himmelsgewölbe zu ihr kommen. Nur weil sie mit dieser höchsten, schönen und siegreichen, liebevollen und ebenso reizenden als beherzten Tugend, der erklärten und unversöhnlichen Feindin des Unmuts, des Mißvergnügens, der Furcht und des Zwanges, die im Verein mit dem Glück und der Lust der Natur folgt, sich nicht vertraut gemacht haben [...]

Sie kann reich und mächtig, sie kann gelehrt sein und kann in duftenden Betten schlafen: sie liebt das Leben, sie liebt die Schönheit, den Ruhm und das Wohlergehen. Doch das Besondere, Eigene ist, daß sie sich dieser guten Dinge in geordneter Weise bedienen und sie mit Gleichmut verlieren kann. [...]

Ich verlange nicht, daß man das Kind in eine Klosterschule sperre, daß man es der üblen Laune und dem düstern Gemüt eines cholerischen Schulmeisters ausliefere; ich will nicht, wie die anderen, seinen Geist verderben und es vierzehn oder fünfzehn Stunden am Tag sich gleich einem Lastträger plagen und abmühen lassen. Auch würde ich, wenn man sähe, daß es sich aus einer Anlage zur Einsamkeit und zur Schwermut mit allzu großer Begierde dem Lesen widmete, nicht dazu raten, es darin zu bestärken: das schadet dem gesellschaftlichen Umgang und hält von besseren Beschäftigungen ab. Wie viele Menschen habe ich doch zu meiner Zeit gesehen, die durch ein Übermaß an Wißbegierde dumm geworden sind. [...]

Auch die Spiele und die Leibesübungen sollen zum Studium gehören: der Wettlauf, der Ringkampf; die Musik und der Tanz; Jagd, Reiten und Fechten. Die äußere Lebensart, das anständige Auftreten der Person wird zugleich mit der Seele herangebildet. Man zieht nicht eine Seele und nicht einen Körper heran, sondern einen Menschen; man soll nicht zwei daraus machen. [...]

Welche Art ist das, die Lust zum Unterricht in diesen zarten und furchtsamen Seelen zu wecken, daß man sie mit hochrotem Kopfe und mit Ruten bewaffnet anleitet! […] Wie viel schicklicher wären ihre Schulzimmer mit Blumen und Laub geschmückt statt mit blutigen Weidenruten! Ich würde die Freude, die Heiterkeit, Flora und die Grazien darin abbilden lassen, wie einst der Philosoph Speusippos in seiner Schule getan hat. Wo ihr Nutzen ist, soll auch ihr Zeitvertreib sein. Die Speise, die dem Kind bekömmlich ist, soll man mit Zucker, die schädliche mit Galle versetzen.

[…]

Weil der Körper noch biegsam ist, soll man ihn allen Haltungen und Gewohnheiten anpassen; und kann man Begierde und Willen im Zaum halten, so darf man einen jungen Mann ganz getrost mit allen Völkern und Gesellschaften, und so auch, wenn es denn sein muß, mit der Unregelmäßigkeit und den Ausschweifungen vertraut machen: er soll alles tun können und nur das Gute gern tun.

[...]

Gewiß ist das Griechische und das Latein eine schöne und große Zierde, die aber zu teuer bezahlt wird. Ich will hier ein Mittel beschreiben, wie man sie wohlfeiler haben kann; es ist an mir selbst erprobt worden, und wer da will, mag sich seiner bedienen.

Mein seliger Vater, der sich bei kundigen und verständigen Leuten so gründlich wie möglich nach einer vorzüglichen Art der Erziehung erkundigt hatte, wurde über diesen Nachteil belehrt; und man sagte ihm, daß die lange Dauer unseres eines Unterrichts in den Sprachen der einzige Grund sei, warum wir es in der Wissenschaft nicht zur Vollkommenheit der alten Griechen und Römer brächten, zumal ja die Sprache sie selber nichts kostete; ich kann freilich nicht glauben, daß dies der einzige Grund dafür sei. Indes fand mein Vater hier Abhilfe, indem er mich schon im Säuglingsalter und ehe sich meine Zunge löste, einem Deutschen anvertraute, der seitdem als ein berühmter Arzt in Frankreich gestorben ist und der unserer Sprache ganz unkundig war, das Latein aber völlig beherrschte. Dieser Mann, den er eigens hatte kommen lassen und der sehr gut entlöhnt ward, hatte mich beständig auf den Armen. Er hatte noch zwei andere, minder Gelehrte bei sich, die um mich sein und mir dienen mußten und ihn entlasteten. Diese redeten in keiner anderen Sprache mit mir als Latein. Für die übrigen Menschen im Haus galt als unverbrüchliche Regel, daß weder mein Vater selbst noch meine Mutter, weder Diener noch Zimmermagd in meiner Gegenwart mehr sprach als die lateinischen Worte, die ein jedes gelernt hatte, um mich zu unterhalten. Dies brachte allen erstaunlichen Nutzen; mein Vater und meine Mutter lernten hinreichend Latein, um es zu verstehen, und eigneten sich genug davon an, um es im Notfall sprechen zu können; so auch die Bediensteten, die am meisten mit mir zu tun hatten. Kurzum, wir latinisierten, daß es bis in unsere Dörfer drang, wo man es jetzt noch hört und manche lateinische Namen für Handwerker und Werkzeug in Gebrauch gekommen sind. Was aber mich angeht, so war ich mehr als sechs Jahre alt und hatte noch ebenso viel Französisch und Perigordinisch wie Arabisch gehört und hatte so ohne Kunst, ohne Buch, ohne Grammatik oder Unterricht, ohne Rute und Tränen ein ebenso reines Latein gelernt, wie mein Lehrer es wußte; denn ich hatte es durch nichts verfälschen oder vermischen können. [...]

Was das Griechische angeht, von dem ich fast gar keine Kenntnisse habe, so gedachte mein Vater es mich kunstmäßig lernen zu lassen, aber auf eine neue Weise, in der Form eines Spieles und Zeitvertreibs: wir warfen uns die Deklinationen zu, so wie andere die Arithmetik und die Geometrie durch Brettspiele lernen. Denn man hatte ihm unter anderm geraten, mich zur Wissenschaft und zur Pflicht ohne Zwang und durch meinen eigenen Wunsch anzuhalten und meine Seele in aller Sanftmut und Freiheit, ohne Strenge und Druck aufzuziehen. Und das ging bis zum Aberglauben; denn weil einige meinen, daß es das zarte Gehirn der Kinder verwirre, wenn man sie morgens gewaltsam mit einem Schlag aus dem Schlaf schrecke (der bei ihnen viel tiefer ist als bei uns), so ließ er mich durch den Klang eines Instruments wecken und hatte stets einen Mann, der mir damit diente.

Dieses Beispiel genügt wohl, daß man sich alles übrige vorstelle und auch die Klugheit und Vorsicht sowohl wie die Liebe eines so gütigen Vaters erkenne, dessen Schuld es gewiß nicht ist, wenn er die Früchte, die einer so vorbildlichen Pflege entsprächen, nicht ernten konnte. Das hatte vielmehr zwei Ursachen: erstens das unfruchtbare und schwierige Feld; denn obschon ich bei völliger, guter Gesundheit war und zugleich von sanfter und fügsamer Sinnesart, war ich außerdem doch so träge, weichlich und schläfrig, daß man mich nicht aus der Untätigkeit reißen konnte, selbst wenn ich nur spielen sollte. Was ich sah, sah ich wohl, und bei all meinem müßigen Wesen nährte ich doch verwegene Einbildungen und hegte Gedanken, die meinem Alter voraus waren. Mein Geist war nicht rasch, und er ging nie weiter, als man ihn führte; ich faßte langsam auf, war nicht findig und hatte ein unglaublich schlechtes Gedächtnis. Bei alledem ist es kein Wunder, daß er nichts Tüchtiges aufziehen konnte.

Von der Unbeständigkeit des Menschen

Ich traue den Menschen die Beständigkeit weniger leicht als alles andere zu, und die Unbeständigkeit leichter als alles andere. [...] Unsere gewöhnliche Lebensart ist es, je nach den Neigungen unseres Verlangens nach links, nach rechts, bergauf und bergab zu gehen, so wie der Wind der Gelegenheiten uns fortträgt; wir denken daran, was wir wollen, erst in dem Augenblick, da wir es wollen, und ändern uns wie jenes Tier, das die Farbe des Ortes annimmt, an den man es bringt. Was wir zu dieser Stunde uns vorgenommen, davon gehen wir bald wieder ab, und bald kommen wir darauf zurück: es ist nichts als Wankelmut. Wir gehen nicht, wir werden fortgetragen wie die Dinge, die bald sacht, bald in heftigem Zuge dahintreiben, je nach dem, ob das Wasser wild oder sanftmütig ist. Alle Tage ein neuer Einfall, und so bewegen sich unsere Stimmungen, wie sich die Zeit bewegt. [...] Und wer sich recht aufmerksam prüft, findet in sich, und gerade auch in seiner Urteilskraft, diesen Wankelmut und diese Ungleichheit. Ich kann von mir selbst nichts Ganzes, nichts Festes anführen, nichts ohne Verwirrung und Beimischung, nichts in einem Wort sagen. »Distinguo« ist das allgegenwärtige Glied meiner Logik.

[...] Daher muß man, um über einen Menschen zu urteilen, lange und aufmerksam seiner Spur folgen. [...] Es gehört sich nicht für einen gesetzten Verstand, uns einfach nach unseren äußeren Handlungen zu beurteilen; man muß das Innere ausloten und muß zusehn, von welchen Federn das Schwanken erzeugt wird; insofern aber dies ein gewagtes und bedeutendes Unternehmen ist, sollten nicht viele sich darauf einlassen.

Über seinen Unfall

Beschreibung und Unterweisung sind, auch wenn wir ihnen gern Glauben schenken, schwerlich imstande, uns bis zur Ausübung hinzuführen, wenn wir nicht unsere Seele darüber hinaus durch Erfahrung auf die Verrichtung hin üben und bilden, zu der sie sich schicken soll. [...]

Aber beim Sterben, welches die größte Verrichtung ist, die uns obliegt, kann uns die Übung nicht helfen. Man kann sich durch Gewöhnung und Erfahrung gegen die Schmerzen, die Schande, den Mangel und gegen manch anderes Unglück wappnen; den Tod aber können wir nur das eine Mal üben; wir sind alle noch Lehrlinge, wenn wir dahin gelangen. [...]

Und doch glaube ich, daß es etwa ein Mittel gibt, uns an ihn zu gewöhnen und es gleichsam mit ihm zu versuchen. Wir können eine Erfahrung machen, keine vollständige und vollkommene, aber wenigstens eine nicht nutzlose, die uns stärker und mutiger macht. Wenn wir ihn nicht zu erreichen vermögen, so können wir uns ihm doch nähern, wir können ihn auskundschaften; und wenn wir nicht in sein Allerheiligstes dringen, so werden wir doch die Zugänge sehen und nutzen. Nicht ohne Grund läßt man uns auf unseren Schlaf achten, der Ähnlichkeit wegen, die er mit dem Tode hat. Wie leicht wir doch vom Wachen zum Schlafen übergehen! Wie unbesorgt trennen wir uns vom Licht und von unserm Bewußtsein! [...] Diejenigen aber, die durch einen gewaltsamen Unfall ohnmächtig wurden und jede Empfindung einbüßten, sind nach meinem Bedünken viel näher daran gewesen, sein wahres, natürliches Gesicht zu erblicken; denn was den Augenblick, den einen Punkt des Übergangs betrifft, so müssen wir nicht fürchten, daß er uns Beschwerden oder Unbehagen bringe, da wir ja ohne genügende Zeit kein Gefühl und keine Empfindung zu haben vermögen. Um leiden zu können, brauchen wir Zeit, und sie ist im Tode so kurz und so knapp, daß er notwendigerweise unmerklich sein muß. Es ist sein Nahen, das wir zu fürchten haben; damit aber können wir Erfahrungen machen.

Manche Dinge erscheinen uns in der Vorstellung größer als in der Wirklichkeit. Ich habe einen guten Teil meiner Jahre in beständiger, völliger Gesundheit verbracht; nicht nur in völliger, vielmehr in blühender, strahlender Gesundheit. Dieser Zustand, in seiner Frische und

Fröhlichkeit, machte mir den Gedanken an Krankheit so schrecklich, daß mir ihre Schmerzen, als ich sie dann durchmachen mußte, im Vergleich zu meiner Furcht gelinde und schwach erschienen. Und dies erlebe ich alle Tage: wenn ich warm zugedeckt in einem guten Raum liege, während die Nacht draußen stürmisch und regnerisch ist, so bin ich aufgeregt und bekümmert wegen der Leute, die im Freien unterwegs sind; bin ich selber dort, so begehre ich nirgendwo sonst zu sein. [...]

Während der dritten oder der zweiten Unruhen (ich erinnere mich nicht genau) war ich eines Tages auf einem Spazierritt eine Meile von meinem Haus entfernt, das mitten in den Wirren des Bürgerkriegs liegt. Ich glaubte in völliger Sicherheit und so nahe von zu Hause zu sein, daß ich nicht besser beritten sein müsse, und hatte daher ein bequemes, aber nicht eben sehr tüchtiges Pferd genommen. Auf dem Rückweg sah ich mich genötigt, von diesem Pferd etwas zu verlangen, das es nicht recht gewohnt war; einer meiner Leute, ein großer und starker Kerl auf einem mächtigen Hengst, der heillos hart im Maul und dabei frisch und kräftig war, wollte sich vor seinen Kameraden aufspielen und sie überholen, sprengte also mit langem Zügel gerade auf meiner Spur daher, stürzte wie ein Koloß auf den kleinen Mann und das kleine Pferd und warf sie mit einer Schnelle und Schwere um, so daß wir beide die Füße in die Luft streckten; da lag nun das Pferd ganz betäubt auf dem Rücken und ich zehn oder zwölf Schritte davon entfernt, hingestreckt als ein Toter, das Gesicht zerschlagen und geschunden, mein Degen, den ich in der Hand gehalten, mehr als zehn Schritte weiter weg, das Gehänge zerrissen, ich selber gefühl- und bewegungslos wie ein Stück Holz. Das ist die einzige Ohnmacht, die mir bis zur Stunde zugestoßen ist. Meine Begleiter, die alles versuchten, um mich wieder zu mir zu bringen, hielten mich schließlich für tot, hoben mich auf und brachten mich unter großer Beschwerlichkeit zu meinem Hause, das von dort etwa eine halbe französische Meile entfernt war. Auf dem Wege dahin, und nachdem man mich über zwei gute Stunden für tot gehalten, begann ich mich zu bewegen und zu atmen; denn so viel Blut war mir in den Magen geflossen, daß die Natur, um sich seiner zu entledigen, ihre Kräfte wieder sammeln mußte. Man stellte mich auf die Füße, und ich gab einen Eimer voll geronnenen Blutes von mir und mußte dies unterwegs noch ein paarmal tun. Dadurch fing ich an, wieder ein wenig Leben zu fühlen, aber nur nach und nach und über so lange Zeit hin, daß meine ersten Empfindungen näher dem Tod als dem Leben verbunden waren. Diese Erinnerung an ihn, die sich meiner Seele tief eingeprägt hat und mir sein Bild und seine Gestalt so naturgetreu vorstellt, versöhnt mich einigermaßen mit ihm. Als ich wieder zu sehen begann, war mein Blick so getrübt, so schwach und erstorben, daß ich fürs erste nur das Licht unterschied. Und was die Seele betrifft, so erwachte ihre Tätigkeit im gleichen Masse wie die des Körpers wieder. Ich sah, daß ich voller Blut war, denn mein Wams war durch all das Blut, das ich von mir gegeben, befleckt. Mein erster Gedanke war, ich hätte eine Schußwunde am Kopf; tatsächlich waren zur selben Zeit mehrere Schüsse um uns herum gefallen. Mir war, als hinge mein Leben mir nur noch am

Rand der Lippen; ich schloß die Augen, um es, wie mir vorkam, ausstoßen zu helfen, und fand ein Vergnügen daran, mich schwach zu fühlen und sinken zu lassen. Dies war eine Einbildung, die nur oberflächlich, so sanft und so kraftlos wie alles übrige, durch meine Seele schwamm, aber in Wahrheit nicht allein frei von Mißbehagen, sondern vermischt mit der Süße, die man empfindet, wenn man sich in den Schlaf gleiten läßt.

Ich glaube, daß dies der nämliche Zustand ist, in dem sich jene befinden, die man entkräftet und ohnmächtig sterben sieht; ich glaube, daß wir sie ohne Grund beklagen, weil wir meinen, sie litten grausame Schmerzen oder ihre Seele werde von bedrängenden Gedanken gepeinigt. [...]

Als ich mich meinem Hause näherte, wohin die Schreckensnachricht von meinem Sturz schon gedrungen war, und mir die Meinen mit den Rufen, die zu solchen Fällen gehören, entgegenliefen, antwortete ich nicht nur mit ein paar Worten auf ihre Fragen, sondern man sagt auch, ich sei so besonnen gewesen, für meine Frau ein Pferd zu befehlen, weil ich sie auf dem steilen und steinigen Wege sich abmühen sah. Diese Rücksicht müßte doch, scheint es, von einer wachen Seele ausgehen; doch war ich dabei gar nicht gegenwärtig: es waren nur Scheingedanken, die vom Gesichtssinn und vom Gehör hervorgerufen wurden; sie kamen nicht aus meinem Innern heraus. Ich wußte bei alledem weder, woher ich kam, noch wohin ich ging; und ich konnte auch nicht erwägen und bedenken, was man mich fragte; es waren dies flüchtige Wirkungen, welche die Sinne von selber, gleichsam aus Gewohnheit hervorbrachten; was die Seele dazu tat, das tat sie im Traum, nur ganz leicht berührt oder etwa gestreift und benetzt durch den sanften Eindruck der Sinne. Meine Verfassung war indessen allerdings recht angenehm und friedlich: ich sorgte mich weder um andere noch um mich; ich empfand eine äußerste Schwäche und Mattigkeit, ohne jeden Schmerz. Ich sah mein Haus und erkannte es nicht. Als man mich hingelegt hatte, war mir die Ruhe unendlich wohltätig, denn ich war von den guten Leuten jämmerlich umhergezerrt worden, als sie sich abgemüht hatten, mich auf ihren Armen über einen langen und sehr schlechten Weg zu tragen, und zwei- oder dreimal einander hatten ablösen müssen. Man brachte mir viele Arzneien, von denen ich keine nahm, weil ich sicher war, daß ich am Kopf eine tödliche Wunde hatte. Das wäre in Wahrheit ein schöner Tod gewesen; denn mich hinderte die Schwäche meines Geistes, darüber nachzudenken, und die Schwäche meines Körpers, etwas davon zu spüren. Ich ließ mich so sanft, so weich und bequem dahintreiben, daß ich von kaum einem weniger beschwerlichen Tun weiß, als dieses war. Als ich wieder auflebte und allmählich zu Kräften kam, etwa zwei oder drei Stunden später, spürte ich auf einmal, daß die Schmerzen mich wieder einnahmen, da meine Glieder bei meinem Sturz alle gequetscht oder verstaucht worden waren, und ich befand mich zwei oder drei Nächte danach so übel, daß ich noch einmal zu sterben glaubte, aber eines lebhafteren Todes; und ich spüre die Erschütterung von jenem Sturz noch immer. Ich will nicht unerwähnt lassen, daß dieser Unfall selbst das letzte war, worauf ich mich wieder besinnen konnte. Ich ließ mir mehrere Male erzählen, wohin ich geritten, woher ich gekommen, zu welcher Stunde mir dies begegnet war, ehe ich es begreifen konnte. Die Umstände meines Sturzes verbarg man mir, jenem zuliebe, der die Ursache gewesen, und erzählte mir etwas anderes. Aber lange danach, erst am folgenden Tage, als mein Gedächtnis sich wieder auftat und mir den Zustand vorhielt, in welchem ich mich in dem Augenblick befunden, da ich jenes Pferd über mich kommen sah (denn ich hatte es mir auf den Fersen erblickt und mich verloren geglaubt, doch war dieser Gedanke so rasch gewesen, daß die Furcht keine Zeit fand, darin zu keimen), da schien es mir, als führe ein Blitz in meine Seele und als kehrte ich aus einer anderen Welt zurück.

[...] Es ist ein dornenreiches Unternehmen, mehr noch als es scheint, einem so schweifenden Gang wie dem unseres

Geistes zu folgen, in die dunklen Tiefen seiner inneren Falten zu dringen und so viele unmerkliche Züge seines Tuns auszuwählen und festzuhalten; und es ist ein neuer und ungewöhnlicher Zeitvertreib, der uns von den gewöhnlichen, ja selbst von den achtenswertesten Beschäftigungen der Welt ablenkt. Seit vielen Jahren habe ich zum Ziel meiner Gedanken nur mich selbst und studiere und prüfe nichts anderes; und wenn ich etwas andres studiere, so geschieht das, um es sogleich auf mich, oder besser in mich, zu übertragen. Und ich glaube nicht fehlzugehen, wenn ich gerade so, wie es in den anderen, bei weitem weniger nützlichen Wissenschaften geschieht, bekanntmache, was ich in dieser gelernt habe, wenn ich auch mit dem Fortschritt, den ich darin gemacht habe, nicht recht zufrieden bin. Es gibt keine Beschreibung, die der Beschreibung seiner selbst an Schwierigkeit, und gewiß auch an Nützlichkeit, gleichkäme.

Bedenken wir nun diesen einfachen Anstoß dazu, unsere Kinder zu lieben: daß wir sie gezeugt haben, weshalb wir sie unser anderes Ich nennen, so scheint es doch, daß wir noch andere Dinge hervorbringen, welche von nicht geringerem Wert sind. Denn was wir aus unserer Seele erzeugen, die Geburten unseres Geistes, unseres Wollens und Könnens, gehen aus einem edleren Teil als dem Körper hervor und sind noch eher die unsern; bei ihrer Zeugung sind wir Vater und Mutter zugleich. Sie kosten uns viel mehr und bringen uns mehr Ehre, wenn an ihnen etwas Gutes ist; denn der Wert unserer Kinder ist weit eher ihr eigener als der unsre; wir haben daran nur geringen Anteil; bei jenen aber ist alle Schönheit, Anmut und Kostbarkeit unser.

[...]

Ich verwerfe jede Gewalt in der Erziehung einer zarten Seele, die man zur Ehrenhaftigkeit und zur Freiheit heranbilden will. Es liegt etwas Knechtisches in der Strenge und im Zwang, und ich halte dafür, daß sich das, was durch die Vernunft, durch Klugheit und Geschicklichkeit nicht erreicht wird, mit Gewalt niemals durchsetzen läßt. Mich hat man so aufgezogen: man sagt, daß ich in meiner frühen Kindheit nur zweimal, und sehr gelinde, geschlagen wurde. So war ich dies auch meinen eigenen Kindern schuldig.

[...]

Der verstorbene Marschall de Monluc, der seinen Sohn verloren hatte – er starb auf der Insel Madeira und hatte als ein wackrer Edelmann fürwahr zu großen Hoffnungen berechtigt –, vertraute mir außer seiner sonstigen Trauer besonders den Kummer und Schmerz an, den er empfand, weil er sich ihm niemals recht eröffnet und über dem Wahn väterlicher Würde und Erhabenheit sich selbst des Glücks beraubt habe, sich seines Sohnes zu freuen und ihn recht kennenzulernen; er habe ihm auch seine große Zuneigung und sein günstiges Urteil über ihn nie offenbart. »Der arme Bursche«, sagte er, »hat von mir nie etwas andres als eine saure, verächtliche Miene zu sehen bekommen und ist in dem Glauben gestorben, daß ich ihn nicht, wie er es verdiente, zu lieben oder zu schätzen gewußt habe. Für wen habe ich denn das Bekenntnis der großen Liebe, die ich für ihn im Herzen hegte, aufgespart? War nicht er es, dem die ganze Freude darüber und die ganze

Dankbarkeit dafür zustand? Ich tat mir Zwang an und quälte mich ab, um mir jene eitle Maske vorzuhalten, und habe darüber das Vergnügen des Umgangs mit ihm versäumt und zugleich seine Zuneigung verscherzt, welche kalt geblieben sein muß, da er von mir nichts als Härte erfuhr und ein tyrannisches Wesen zu spüren bekam.« Mir scheint, diese Klage war treffend und wohl begründet; denn wie ich aus nur zu genauer Erfahrung weiß, haben wir beim Verlust unserer Freunde keinen süßeren Trost, als zu wissen, daß es nichts gibt, was wir ihnen zu sagen vergessen, und daß wir mit ihnen in ganzer und völliger Vertrautheit gelebt haben.

Von der Meinung

Wie verschieden urteilen wir doch über die Dinge, wie oft ändern wir unsere Ansichten! Was ich heute für wahr halte und glaube, daran halte ich unbedingt fest; mein ganzes System bemächtigt sich dieser Meinung und bürgt mir nach ganzem Vermögen dafür. Ich könnte mir keine Wahrheit mit größerer Überzeugung zu eigen machen und bewahren als diese. Ich stehe ganz zu ihr und bin ihrer völlig gewiß; aber ist es mir nicht begegnet, und nicht nur einmal, nein hundert- und tausendmal und tagtäglich, daß ich mir auf die gleiche Weise, mit den gleichen Voraussetzungen, etwas anderes zu eigen gemacht hatte, das ich unterdessen für falsch halte?

Zum mindesten muß man auf eigene Kosten klug werden. Wenn ich mich oft durch dieselben Farben getäuscht fand, wenn sich mein Prüfstein gewöhnlich als falsch erweist und meine Waage als ungleich und ungerecht, wie kann ich dann diesmal sicherer sein als andere Male? Ist es nicht töricht, mich von demselben Führer so oft hintergehen zu lassen? Und dennoch, ob uns die Laune des Zufalls auch fünfhundertmal unsern Standpunkt verleidet und in unseren Glauben wie in ein Behältnis immer neue Meinungen einfüllt und sie dann wieder ausleert, stets ist die letzte und jetzige die gewisse und unfehlbare. Für sie heißt es Hab und Gut, Ehre und Leben, das Heil und alles hingeben.

[...]

Ich, der ich mich aus der Nähe beobachte und mich unablässig im Auge behalte, weil ich sonst nicht sehr viel zu tun habe, ich traue mich kaum zu sagen, wieviel Schwäche und Eitelkeit ich an mir finde. Ich stehe so unsicher auf den Füßen, ich taumle und schwanke so leicht und kann meinem Sehvermögen so wenig vertrauen, daß ich vor dem Essen ein anderer bin als danach. Bei strahlender Gesundheit und an ebensolch schönem Tag bin ich ein feiner Mann; drückt mich ein Hühnerauge, so bin ich verdrießlich, unfreundlich und unzugänglich. Der gleiche Schritt eines Pferdes scheint mir bald hart und bald weich und der nämliche Weg einmal kürzer, ein andermal länger, dieselbe Form einmal schöner, einmal weniger schön. Bald bin ich zu allem bereit, bald zu gar nichts, und was mir heute Vergnügen macht, ist mir morgen zuwider. Tausend gedankenlose und zufällige Regungen streiten sich in mir: entweder beherrscht mich das melancholische oder das cholerische Temperament; und zu dieser Stunde hat der Kummer die Oberhand, zu jener die Heiterkeit. Greife ich zu einem Buch, so habe ich wohl an einer Stelle besondere Schönheiten wahrgenommen, die meine Seele ergötzten, und da ich es wieder in der Hand habe, kann ich es drehen und wenden, biegen und drücken, es bleibt für mich eine fremde und ungestalte Masse.

Selbst beim Schreiben finde ich nicht immer die Melodie meines ersten Gedankengangs wieder: ich weiß nicht, was ich sagen wollte, und verbrenne mir oft die Finger damit, daß ich korrigiere und einen anderen Sinn hineinbringe, da mir der erste abhanden gekommen, der besser war. Ich komme und gehe nur immer; mein Urteil schreitet nicht gerade fort, es schaukelt und treibt umher.

Oftmals (das geschieht mir gern) habe ich zur Übung und zum Vergnügen eine Meinung vertreten, die der meinigen entgegengesetzt war, und nun wendet und richtet mein Geist sich nach jener Seite und hält mich so sehr bei ihr fest, daß ich den Grund meiner ersten Meinung nicht wiederfinde und von ihr abkomme. Ich lasse mich gleichsam dahin ziehen, wo immer ich mich auch hinneige, und komme so aus dem Gleichgewicht. Fast jeder würde wohl dasselbe von sich sagen, wenn er sich ebenso wie ich betrachtete.

[...]

Schließlich gibt es keine beständige Form, weder unseres Daseins noch des Daseins der Dinge; wir selber, nicht anders als unsere Urteilskraft und alles, was sterblich ist, fließen und rollen unaufhörlich dahin: so kann nichts Gewisses das eine mit dem andern verbinden, da sich der Urteilende und das Beurteilte in fortwährender Wandlung und Schwingung befinden.

Wir haben keinerlei Anteil am Sein, denn alle menschliche Natur ist stets in der Schwebe zwischen Geburt und Tod und zeigt sich nur als dunkle Erscheinung, ein Schatten, ein schwacher, unsicherer Eindruck. Und richtet man einmal sein Denken darauf, das Sein zu begreifen, so ist es dasselbe, wie wenn einer Wasser in die Hand nehmen wollte: je fester er erfaßt und drückt, was von Natur nach allen Seiten läuft, desto eher wird er verlieren, was er packen und halten wollte. So aber wird, da denn alles von einer Verwandlung in die andere fällt, die Vernunft, welche einen zuverlässigen Halt sucht, enttäuscht; sie bekommt nichts Handgreifliches, Dauerhaftes zu fassen, weil alles entweder erst wird und noch gar nicht ist oder anfängt zu sterben, bevor es geboren ist.

Von der Schönheit

Die Schönheit ist eine große Empfehlung im Umgang mit den Menschen; sie als erste dient der Vermittlung zwischen ihnen, und es gibt keinen so barbarischen oder mürrischen Menschen, daß er sich von ihrem Reiz nicht ein wenig berührt fühlte. Der Körper hat großen Anteil an unserem Sein, er hat darin einen hohen Rang; so verdienen sein Bau und seine Zusammensetzung allerdings einige Beachtung. Diejenigen, die unsere beiden Hauptteile trennen und voneinander absondern wollen, tun Unrecht; man muß sie im Gegenteil wieder zusammenführen und -fügen; man muß die Seele ermahnen, sich nicht beiseite zu halten und nur für sich dazu sein, den Körper nicht zu verachten und aufzugeben (was sie auch ohne Verstellung nicht tun könnte), sondern sich neu mit ihm zu verbünden, ihn zu umfassen, zu lieben, ihm beizustehen, ihn zu beaufsichtigen, zu beraten, ihn aufzurichten und, wenn er sich verirrt, auf den rechten Weg zurückzuführen, kurz, ihn zu ehelichen und ihm als treuer Gatte zu dienen, dergestalt, daß sich beider Wirken nicht ungleich und entgegengesetzt, sondern übereinstimmend und gleichartig zeigt. Die Christen sind über diesen Zusammenhang besonders unterrichtet; denn der göttlichen Gerechtigkeit ist, wie sie wissen, die Gemeinschaft und die Verbindung zwischen Körper und Seele so teuer, daß sie den Körper sogar in den Stand versetzt, ewigen Lohn zu empfangen; Gott sieht auf das Tun des ganzen Menschen und will, daß er als ganzer bestraft oder belohnt werde, je nach Verdienst. Die peripatetische Sekte, von allen die umgänglichste, schreibt der Weisheit die einzige Sorge zu, das Wohl dieser beiden verbündeten Teile in einem zu fördern und zu bewirken, und zeigt, daß die anderen Sekten, indem sie jener Vereinigung und Durchdringung nicht genügend Beachtung geschenkt, sich als parteilich erwiesen haben, diese zu Gunsten des Körpers, jene zu Gunsten der Seele, irrtümlich beide, und so sich von ihrem Gegenstand – nämlich dem Menschen – wie auch von ihrem Führer – nämlich, nach ihrer aller Bekenntnis, der Natur – abgewandt haben. Die erste Unterscheidung, die unter den Menschen gemacht worden ist, und die erste Erwägung, die den einen vor den andern den Vorrang gab, haben wahrscheinlich dem Vorzug der Schönheit gegolten.

Über die Falschheit

Die neue Tugend der Verstellung und der Heuchelei, die heutzutage so hoch geschätzt wird, hasse ich vor allen andern und kenne kein Laster, das solchermaßen von Feigheit und Niedertracht zeugt.

Nur eine Memmen- und Knechtsnatur nimmt ihre Zuflucht zur Verstellung, verbirgt sich unter einer Maske und wagt nicht, sich so zu zeigen, wie sie ist. Die Menschen werden dadurch an die Treulosigkeit gewöhnt: da sie sich gleisnerischer Worte befleißigen, tragen sie kein Bedenken, ihr Wort zu brechen. Ein großes Herz muß seine Gedanken nicht verleugnen; es will, daß man in sein Inneres sehe. Alles ist gut darin, oder wenigstens menschlich. Aristoteles nennt es eine

Pflicht der Großherzigkeit, offen zu hassen und zu lieben, freimütig zu urteilen und zu sprechen und die Zustimmung oder die Ablehnung anderer nicht um den Preis der Wahrheit in Anschlag zu bringen. Apollonius meinte, es sei an den Knechten zu lügen und an den Freien, die Wahrheit zu sagen. Dies ist das erste und der Grundstein der Tugend: man muß sie um ihrer selbst willen lieben. Wer wahr redet, weil er dazu eine andere Ursache hat und es ihm vorteilhaft ist, und sich nicht scheut zu lügen, wenn es niemandem schadet, der ist nicht wahrhaftig genug. Meine Seele ist so beschaffen, daß sie vor der Lüge zurückschreckt und selbst den Gedanken an sie verabscheut. Ich empfinde eine innere Scham und Gewissensbisse, wenn eine mir unterläuft, wie es manchmal geschieht, wenn mich die Gelegenheit überrascht und unvorbereitet trifft. Man muß nicht immer alles sagen; das wäre Torheit; was man aber sagt, muß man so sagen, wie man es denkt; sonst ist es Bosheit. Ich weiß nicht, was sich die Leute davon versprechen, daß sie unablässig dergleichen tun und sich verstellen; es sei denn dies, daß man ihnen auch dann nicht glaubt, wenn sie die Wahrheit sagen.

Von der Gesundheit

Die Gesundheit ist etwas Kostbares und in Wahrheit das einzige, was es verdient, daß man nicht nur Zeit, Schweiß, Mühe und Güter darauf verwende, sondern sogar das Leben; zumal ohne sie uns das Leben zur Last wird. Die Lust, die Weisheit, die Wissenschaft und die Tugend verblassen und schwinden dahin ohne sie.

[...]

Ich bin gewiß nicht so eingebildet und aufgeblasen, daß ich eine echte, handfeste, markige Freude, wie die Gesundheit sie ist, gegen eine bloß eingebildete, körperlose und luftige austauschen würde. Der Ruhm, sei's auch derjenige der vier Haimonssöhne, ist für einen Menschen von meiner Gemütsart zu teuer erkauft, wenn er drei tüchtige Koliken kostet. Die Gesundheit, bei Gott!

Über die Zerstreuung

Ich hatte einst, für meine Gemütsbeschaffenheit, einen schweren und mehr noch berechtigten als schweren Verdruß: ich hätte des Todes sein können, wenn ich mich einfach auf meine Kräfte verlassen hätte. Da ich einer starken Zerstreuung bedurfte, um mich ihm zu entziehen, machte ich mich durch Kunst und Methode verliebt, wozu mir meine Jugend behilflich war; die Liebe schuf mir Erleichterung und zog mich aus der üblen Verfassung, in die ich durch Freundschaft geraten war. So geht es mir auch sonst immer: eine widrige Vorstellung beherrscht mich; schneller, als ich sie überwinden könnte, vertausche ich sie: wenn nicht gegen eine entgegengesetzte, so doch gegen eine andere: immer erleichtert, löst und zerstreut die Abwechslung. Kann ich den Verdruß nicht bekämpfen, so entwische ich ihm und wende Finten und Listen an, um zu flüchten: ich wechsle den Ort, die Beschäftigung, die Gesellschaft, ich rette mich in den Andrang anderer Zerstreuungen und Gedanken, wo meine Spur sich verliert und ich nicht mehr zu finden bin.

Übertriebene Strenge des Alters

Das Alter mahnt und belehrt mich und predigt mir mehr als genug. Vom Übermaß der Munterkeit bin ich in dasjenige der Strenge verfallen, welches noch störender ist; daher ich mich heutzutage mit Absicht ein wenig gehenlasse und die Seele mitunter auf tolle und jugendliche Gedanken bringe, bei denen sie dann verweilt. Ich bin jetzt allzu gesetzt, bedachtsam und reif: die Jahre unterrichten mich täglich in Kaltsinn und Mäßigung. Der Körper fürchtet und flieht die Ausschweifung: die Reihe ist nun an ihm, den Geist zur Besserung anzuleiten; und er regiert tyrannischer, härter; er läßt keine Stunde vergehen, im Schlafen oder im Wachen, ohne mich über den Tod, die

Buße und die Geduld zu belehren. Ich wehre mich gegen die Mäßigung, wie ich mich einst der Wollust erwehrte; sie wirft mich zu weit zurück, und bis zur Stumpfsinnigkeit; ich will aber Herr meiner selbst sein, in jeder Beziehung. Die Weisheit neigt auch zum Übermaß und bedarf der Mäßigung nicht weniger als die Tollheit.

Haß auf die finstere Tugend

Ich liebe eine fröhliche und gesellige Weisheit und fliehe die rauhen und finsteren Sitten, wie mir denn jede mürrische Miene verdächtig ist. [...] Die Tugend ist eine gefällige, fröhliche Eigenschaft. Ich weiß wohl, daß die Freiheit meiner Schriften einigen wenigen Leuten mißfallen wird, denen die Freiheit ihrer eigenen Gedanken noch mehr mißfallen müßte. [...]

Ich hasse einen mürrischen, trüben Geist, der über die Freuden seines Lebens hinweggeht und an seinen Kümmernissen hängenbleibt: wie die Fliegen, die sich an einem schönen glatten Körper nicht festhalten können und sich an die unebenen, höckrigen Stellen halten und darauf ruhen; und wie die Blutegel, die nur verdorbenes Blut einsaugen.

Ich habe es mir im übrigen zur Regel gemacht, alles das ohne Scheu zu sagen, was ich ohne Scheu tue; und empfinde einen Widerwillen gegen die Gedanken, die ich nicht offen aussprechen darf. Meine schlechtesten Taten und Eigenschaften erscheinen mir nicht so häßlich, wie ich es häßlich und niedrig finde, sie nicht bekennen zu dürfen.

Von der Ehe

Ich kenne keine Ehen, die so rasch zu Wirrungen führen und zerfallen wie jene, die um der Schönheit und des verliebten Begehrens willen zustande kommen; es bedarf dafür festerer und steterer Grundlagen und einer behutsamen Annäherung; das heiße Gefühl taugt da nichts.

[...]

Eine gute Ehe, wenn es solche gibt, weist die Beteiligung und die Forderungen der Liebe ab, sie will denen der Freundschaft genügen. Sie ist eine trauliche Lebensgemeinschaft, voller Beständigkeit und Verläßlichkeit und aus unendlich vielen wechselseitigen, nützlichen und handgreiflichen Dienstleistungen und Pflichten gebildet; keine Frau, die daran Geschmack gefunden hat, möchte mit ihrem Mann als Geliebte verbunden sein. Wenn sie als Ehefrau sich in seiner Neigung befestigt hat, lebt sie in ihr viel ehrenvoller und sicherer.

Von der Liebe im Alter

Diejenigen haben wohl recht, welche sagen, der Körper solle nicht seinen Begierden zum Schaden des Geistes folgen; warum aber ist es nicht ebenso wahr, daß der Geist nicht zum Schaden des Körpers den seinen folgen soll?

Ich habe keine andere Leidenschaft, die mich in Atem hält. Was die Habsucht, der Ehrgeiz, der Zank, die Prozesse bei anderen tun, die wie ich zu keiner Tätigkeit verpflichtet sind, würde die Liebe gefälliger tun: sie ließe mich wieder aufmerksam, nüchtern und freundlich werden und größere Sorgfalt auf meine Person verwenden; sie bewahrte mein Aussehen davor, durch die Verzerrungen des Alters so kläglich entstellt zu werden; sie gäbe mich den gesunden und verständigen Aufgaben wieder, durch die ich mir höhere Achtung und größere Liebe erwürbe, sie bewahrte meinen Geist davor, an sich und seinen Kräften zu verzagen, und versöhnte ihn mit sich selber; sie vertriebe mir tausend verdrießliche Gedanken, tausend schwermütige Kümmernisse, mit denen die Muße uns in diesem Alter beschwert, und sie erhitzte wenigstens in meinen Träumen das Blut wieder, das die Natur im Stich läßt; sie gäbe dem Armen ein wenig Spannkraft zurück, der seinem Zerfalle entgegeneilt.

Von der Unterhaltung

Die ergiebigste und natürlichste Übung unseres Geistes ist meines Bedünkens das Gespräch. Ich sehe in seiner Pflege das Schönste, was wir im Leben tun können.

[...] Wenn man mir widerspricht, weckt man meine Aufmerksamkeit, nicht meinen Unwillen; ich nähere mich dem, der mir widerspricht, der mich unterrichtet: die Sache der Wahrheit sollte die gemeinsame Sache beider sein. [...] Die Wahrheit ist mir willkommen und lieb, in welcher Hand ich sie auch finde, fröhlich unterwerfe ich mich ihr und strecke die Waffen, sowie ich sie auch nur von weitem kommen sehe. Und solange man dabei nicht zu großmächtig magistral auftritt, macht es mir Vergnügen, widerlegt zu werden, und oft füge ich mich den Gegnern eher aus Höflichkeit als aus Überzeugung, weil ich die Freiheit, mich zu belehren, gerne durch bereitwilliges Nachgeben belohne und nähre. [...]

Es ist unmöglich, mit einem Dummkopf ehrlich zu verfahren. Nicht nur mein Urteil wird in der Hand eines so ungestümen Lehrmeisters verdorben, sondern auch mein Gewissen. Unsere Streitreden sollten verboten und bestraft werden wie andere mit Worten begangene Verbrechen. Wieviel Böses rühren sie nicht auf und häufen sie nicht an, da sie immer vom Zorn beherrscht und bestimmt werden! Wir feinden uns zuerst mit Gründen, dann mit den Menschen an. Wir lernen disputieren, nur um zu widersprechen, und da ein jeder widerspricht und auf Widerspruch stößt, ist die Frucht des Disputes zuletzt der Verlust, die Vernichtung der Wahrheit.

[...]

Die Bewegung und die Jagd sind eigentlich unsere Sache: wir sind nicht zu entschuldigen, wenn wir sie dreist und ungeschickt anpacken. Die Beute zu verfehlen ist etwas anderes: wir sind auf der Welt, die Wahrheit zu suchen; sie zu besitzen kommt einer höheren Macht zu.

[...]

Die Halsstarrigkeit und die hitzige Überzeugung sind das sicherste Zeichen der Dummheit; gibt es etwas so Selbstsicheres, Entschlossenes, Überhebliches, Verbohrtes, Ernstes, Schwerfälliges wie den Esel?

Können wir nicht zur Behandlung der Wechselrede und der Mitteilung auch die spitzen und abgebrochenen Einfälle nehmen, die durch Fröhlichkeit und Vertrautheit unter die Freunde gebracht werden, wenn sie einander scherzend und anzüglich necken? eine Übung, zur der mich meine natürliche Munterkeit recht geeignet macht.

Über das Reisen

Das Reisen scheint mir eine nützliche Übung zu sein. Die Seele ist dabei stets beschäftigt, unbekannte und neue Dinge zu bemerken; und ich weiß, wie ich oft gesagt habe, keine bessere Schule, das Leben zu bilden, als ihm unablässig die Verschiedenheit so vieler andern Lebensformen, Sinnesarten und Gebräuche vorzuführen und es die so unendliche Mannigfaltigkeit der Gestalten unserer Natur kosten zu lassen. Der Körper ist dabei weder müßig, noch wird er ermüdet, und die maßvolle Bewegung hält ihn in Atem. Ich sitze acht und zehn Stunden zu Pferd, ohne abzusteigen, trotz meiner Koliken. Keine Witterung ist mir zuwider außer heftiger Hitze bei stechender Sonne. [...]

Wie die Enten liebe ich Regen und Kot. Die Veränderung der Luft und des Klimas kann mir nichts anhaben; jeder Himmelsstrich gilt mir gleich; nur die innern Veränderungen, die ich selber hervorbringe, setzen mir zu, und sie geschehen mir seltener auf der Reise. Ich bin schwer aufzurütteln; bin ich aber einmal unterwegs, gehe ich so weit, wie man will. Ich sträube mich mehr gegen kleine Unternehmungen als gegen große und bereite mich weniger leicht auf einen Tag vor, an dem ich einen Nachbar besuche, als auf eine richtige Reise. Ich habe mir angewöhnt, meine Reisetage auf spanische Art einzuteilen, eine tüchtige Strecke in einem Zug; und bei gar zu großer Hitze reite ich nachts, zwischen Sonnenuntergang und -aufgang. [...] Meine Faulheit im Aufstehen gibt meinen Leuten Zeit, vor dem Aufbruch in Ruhe zu speisen. Ich für mein Teil esse nie zu spät: der Appetit kommt mir erst beim Essen und sonst überhaupt nicht; ich habe nie Hunger außer bei Tisch.

Einige Leute werfen mir vor, daß ich diese Übung noch fortsetzen mag, da ich verheiratet und nicht mehr jung bin. Sie haben unrecht. Man soll seinem Haus nur den Rücken kehren, wenn man es so bestellt hat, daß es ohne uns fortbesteht, wenn man ihm eine Ordnung gegeben hat, die mit dem bisherigen Gang übereinstimmt. Viel unvorsichtiger ist es, sich zu entfernen, wenn man sein Haus in nicht so ganz treuer Hut läßt. [...] Ich verlange von einer Ehefrau vor jeder anderen Tugend die Tugend der Wirtschaftlichkeit. [...] Ich halte sie dazu an, indem ich ihr durch meine Abwesenheit die ganze Befehlsgewalt überlasse. Ich sehe es ungern, wenn in manchen Haushaltungen der Herr um die Mittagszeit verstimmt und vom Drang der Geschäfte verdrossen nach Hause kommt, und die Frau ist noch beim Frisieren und Ankleiden auf ihrem Zimmer; das gehört sich für Königinnen, und vielleicht auch für sie nicht. Es ist lächerlich und unbillig, daß unsere Frauen geputzt und müßig sein sollen dank unserer Mühe und Arbeit.

Das Reisen im Alter

Was nun das Alter betrifft, das man gegen mich anführt, so ist es vielmehr an der Jugend, sich der allgemeinen Meinung zu unterziehen und andern sich anzupassen. Sie kann es beiden recht machen, dem Volk und sich selbst; wir haben schon mehr als genug für uns selber zu tun. In dem Maße, in dem uns die natürlichen Annehmlichkeiten im Stiche lassen, erhalten wir uns durch die künstlichen. Es ist unbillig, daß man die Jugend entschuldigt, wenn sie ihren Vergnügungen nachgeht, und dem Alter verbietet, solche zu suchen. [...] »Aber in diesem Alter werdet Ihr niemals von einer so weiten Reise zurückkehren.« Was kümmert mich das? Ich unternehme sie nicht, um zurückzukehren, noch um sie zu vollenden; ich breche auf, um mich zu rühren, solange es mir gefällt, und ziehe weiter, um weiterzuziehen. Wer einer Pfründe oder einem Hasen nachläuft, der läuft nicht; laufen heißt, sich im Laufen üben. Mein Plan läßt sich überall verkürzen, er gründet sich nicht auf große Hoffnungen; jeder Reisetag kann der letzte sein, und bei der Reise meines Lebens verhält es sich ebenso. Ich habe allerdings in der Fremde manche Orte gesehen, wo ich gewünscht hätte, bleiben zu müssen. Warum nicht, wenn Chrysippos, Kleanthes, Diogenes, Zenon, Antipater, so viele Weise der strengsten Richtung, ihr Land ohne allen Vorwurf verließen, nur um eine andere Luft zu atmen? Wahrhaftig, nichts schafft mir auf meinen Fahrten ein größeres Mißbehagen, als daß ich nicht aufbrechen konnte mit dem Entschluß, mich niederzulassen, wo es mir wohl gefiele.

[...]

Wen seine Geschäfte mitten im Winter durch Bünden führen, der muß sich freilich unterwegs in acht nehmen. Ich, der ich meistens zu meinem Vergnügen reise, stürze mich nicht in solche Gefahren: sieht es rechts übel aus, wende ich mich links; bekommt mir das Reiten nicht, halte ich an. Und dazu ist mir dann freilich nichts so bequem und angenehm wie mein Haus; indessen finde ich den Überfluß allezeit überflüssig und spüre gegen das Wohlsein selbst einen Widerstand. Habe ich etwas Sehenswürdiges hinter mir liegenlassen, so kehre ich um; es ist immer an meinem Weg: ich ziehe keine bestimmte Linie, keine gerade und keine krumme. Finde ich da, wo ich hinkomme, nicht, was man mir gesagt hatte, wie denn die Urteile anderer mit den meinen oft nicht übereinstimmen und mich sogar meistens falsch dünken, so lasse ich mich's nicht verdrießen; ich weiß nun, daß das, was man sagte, nicht da ist.

Meine körperliche Beschaffenheit läßt mir so viel Freiheit und mein Geschmack solche Vielseitigkeit wie nur irgendeinem Menschen; der Unterschied zwischen den Sitten von einer Nation zur andern wird mir nur durch die Freude an der Vielfalt bewußt. Ein jeglicher Brauch hat seine Ursache. Ob die Speisen auf zinnernen, hölzernen oder irdenen Tellern, gekocht oder gebraten, mit Butter, Olivenöl oder Nußöl, warm oder kalt daherkommen, gilt mir alles gleich; so gleich, daß ich mir diesen Gleichmut im Alter vorwerfe und auf einen heiklen Geschmack angewiesen wäre, um meinen wahllosen Appetit zu zügeln und es mitunter meinem

Magen leichter zu machen. Wenn ich mich außerhalb Frankreichs befand und mich jemand aus Höflichkeit fragte, ob ich nach französischer Art bedient sein wolle, habe ich darüber gelacht und mich stets an die Tische gesetzt, wo die meisten Fremden saßen. Ich schäme mich unserer Leute, die in dem törichten Wahn befangen sind, sich über alles entsetzen zu müssen, was nicht mit ihrer Art übereinstimmt: sie glauben aus ihrem Element geworfen zu sein, sowie sie aus ihrem Dorfe heraus sind; wohin sie immer kommen, halten sie an ihrer Weise fest und verabscheuen die fremde. Finden sie einen Landsmann in Ungarn, so feiern sie dieses Ereignis, vereinigen und verbrüdern sich und verurteilen die barbarischen Sitten, so viele sie sehen. Barbarisch, wie denn nicht, da sie ja nicht französisch sind? Dabei sind es noch die

Aufgewecktesten, die fremde Sitten kennenlernen, um über sie zu lästern. Die meisten ziehen nur aus, um wiederzukommen; sie reisen vermummt und verwahrt, aus Vorsicht schweigsam und unzugänglich, auf der Hut vor Ansteckung durch eine fremde Luft. Was ich von diesen sage, erinnert mich an etwas Ähnliches, das ich bisweilen bei unseren jungen Hofleuten beobachtet habe: sie halten sich nur zu ihresgleichen und sehen uns als Menschen der anderen Welt an, mit Verachtung oder Erbarmen. Nähme man ihnen die Unterhaltungen über die Hofgeheimnisse, wären sie außer Gefecht gesetzt, so ahnungslos und unbeholfen für uns, wie wir es für sie sind.

Ich hingegen reise, weil ich unserer Gebräuche überdrüssig bin, nicht um Gascogner in Sizilien zu suchen, ich habe deren genug zu Hause gelassen; ich suche

Griechen und Perser; ich schließe mich ihnen an, ich betrachte sie; darauf gehe ich aus, damit beschäftige ich mich. Und was noch mehr ist, mich dünkt, ich sei kaum je auf Sitten gestoßen, die es mit den unsern nicht aufnehmen. [...]

Es ist ein seltener Glücksfall, aber eine unschätzbare Hilfe, einen redlichen Mann von gutem Verstand und gleichartigen Sitten zu haben, der uns gern folgt und Gesellschaft leistet; eines solchen hätte ich auf all meinen Reisen am meisten bedurft. Man muß aber diesen Begleiter schon zu Hause gewählt und angeworben haben. Kein Vergnügen hat Wert für mich, wenn ich es nicht mitteilen kann; es fällt mir nicht einmal etwas Rechtes ein, ohne daß ich mich ärgere, weil ich es allein gefunden habe und mit niemandem teilen kann. [...] Die Meinung des Archytas gefällt mir: daß es sogar im Himmel verdrießlich wäre, sich unter den großen und göttlichen Weltkörpern zu ergehen ohne einen Gefährten. Doch ist es noch besser, allein zu sein, als in langweiliger und verständnisloser Gesellschaft. Lieber würde ich mein Leben im Sattel verbringen.

»Habt Ihr keinen bequemeren Zeitvertreib? Woran fehlt es Euch denn? Steht Euer Haus nicht in schöner, gesunder Gegend, wohl versehen und mehr als geräumig? [...] Wo meint Ihr ganz ohne Beschränkung und Störung leben zu können? So seht doch ein, daß nur Ihr selbst Euch zur Last fallt, Euch überall folgen und überall Euch beklagen werdet, denn volle Zufriedenheit gibt es hienieden allein für die Seelen von Tieren oder von Engeln.« [...] Ich weiß wohl, daß die Freude am Reisen genau genommen von Unruhe und Unentschlossenheit zeugt; auch sind dies unsere vorherrschenden und bestimmenden Eigenschaften. Ja, ich bekenne es, ich sehe nichts, auch nicht in meinen Träumen und Wünschen, woran ich mich halten könnte; allein die Abwechslung macht mir Freude, und der Besitz der Vielfalt; so denn wenigstens etwas mir Freude macht.

Von den Kindern

Ich spüre auch nichts von jener starken Verbindung, welche die Menschen, wie man sagt, durch die Kinder, die ihren Namen und die Ehre ihres Geschlechts weitertragen, zur Zukunft haben; und vielleicht darf ich sie mir um so weniger wünschen, wenn sie so wünschenswert sind. Ich hänge am Leben und an dieser Welt nur zu sehr durch mich selbst; es genügt mir schon, dem Schicksal durch die unvermeidlichen Umstände meines eigenen Daseins ausgeliefert zu sein, ohne seine Macht über mich auf andere Weise noch zu verlängern; und ich war nie der Meinung, keine Kinder zu haben sei ein Mangel, der das Leben weniger vollständig und erfreulich mache. Der Stand der

Unfruchtbarkeit hat auch seine Annehmlichkeiten. Die Kinder gehören zu den Dingen, die man sich nicht zu sehr wünschen sollte, besonders heutigentags, da es so schwer sein würde, etwas Gutes aus ihnen zu machen.

Von den öffentlichen Pflichten

Im Vergleich mit den meisten Menschen werde ich von wenigen Dingen berührt oder, besser gesagt, in Anspruch genommen, denn sie sollen uns freilich berühren, wenn sie nur nicht von uns Besitz ergreifen. Ich achte sehr darauf, durch Studium und Betrachtung diesen Vorzug der Unempfindlichkeit zu vermehren, der von Natur aus in mir weit gediehen ist. Ich lasse mich deshalb auf wenige Dinge mit wirklichem Eifer ein. Ich habe ein klares Gesicht, aber ich richte es auf wenige Dinge; ein empfindliches, feines Gehör, doch im Aufmerken und Begreifen bin ich schwerfällig und taub; ich gehe schwer auf etwas ein. [...] Ich bin der Meinung, man müsse sich anderen leihen und nur sich selber sich geben. Wenn sich mein Wille leicht verpfänden und verwenden ließe, würde ich es nicht aushalten; ich bin zu empfindsam sowohl von Natur wie durch meine Lebensart. [...] Man muß mit der Freiheit der Seele haushälterisch umgehen und sie nur bei den rechten Gelegenheiten verpfänden; und deren sind es sehr wenige, wenn wir verständig urteilen.

[...]

Wahrscheinlich zählt dazu die wahre Freundschaft, welche ein jeder sich schuldig ist; nicht falsche Freundschaft, die uns nach Ruhm, Gelehrsamkeit, Reichtum und solcherlei Dingen mit maßloser, ausschließender Leidenschaft greifen läßt wie nach Teilen unseres Daseins; und auch keine unbedachte und schwache Freundschaft, bei der es zugeht, wie wenn der Efeu die Wand verdirbt, an die er sich heftet; sondern eine heilsame und geordnete, ebenso nützliche wie ergötzliche Freundschaft. Wer ihre Pflichten kennt und ihnen nachkommt, der ist in Wahrheit ein Vertrauter der Musen und hat den Gipfel der menschlichen Weisheit und unseres Glücks erreicht. Da er genau weiß, was er sich schuldig ist, gehört zu seiner Lebensregel auch, daß er den Umgang mit den andern und mit der Welt sich zu eigen machen und zu diesem Zwecke der Öffentlichkeit die Dienste leisten muß, die ihm zufallen. Wer gar nicht für andere lebt, lebt auch für sich selber kaum.

Über die Furcht vor dem Tode

Versteht ihr nicht zu sterben, so soll's euch nicht anfechten; die Natur wird euch an Ort und Stelle ganz und genug unterrichten; sie wird dies pünktlich für euch besorgen, kümmert euch nicht darum. Wir stören das Leben durch die Sorge um den Tod und den Tod durch die Sorge für das Leben. Nicht auf den Tod selbst bereiten wir uns vor, er ist eine zu augenblickliche Sache. Eine Viertelstunde Leiden, das keine Folgen mehr hat, keinen Schaden mehr stiftet, verdient keine besonderen Anweisungen. In Wahrheit rüsten wir uns gegen das, was dem Tode vorangeht.

[...] Die Menschen sind verschieden in ihren Gefühlen, und verschieden stark;

man muß sie je nach ihrer Art und auf verschiedenen Wegen zu ihrem Besten leiten. [...] Meinen wir nicht das, wenn wir sagen, daß dem gemeinen Volk seine Dummheit und Unempfindlichkeit die Geduld verleiht, mit der es die gegenwärtigen Übel erträgt, seine tiefe Gleichgültigkeit gegenüber bevorstehendem Unheil? daß die schweren, stumpferen Seelen auch nicht so leicht zu durchdringen und zu erregen sind? Bei Gott! wenn es sich so verhält, so laßt uns bei der Dummheit in die Schule gehen.

Von den Naturgesetzen

Mit gutem Grund verweisen uns die Philosophen auf die Gesetze der Natur; die aber haben nichts zu tun mit solch hoher Wissenschaft: sie werden durch sie verfälscht; man stellt sie uns allzu bunt geschminkt und zurechtgemacht dar, und daraus entstehen so vielfältige Bilder eines so einfachen Gegenstandes. So wie die Natur uns Füße zum Gehen gab, so besitzt sie auch Klugheit, um uns im Leben zu führen. [...] Wer sich ihr schlicht anvertraut, der vertraut sich ihr auf die klügste Art an. Oh, welch gesundes, sanftes und weiches Kissen ist die wunschlose Unwissenheit für einen wohlgeratenen Kopf!

Krankheit und Gesundheit

Ob gesund oder krank, ich habe immer den Gelüsten nachgegeben, die mich drängten. Meinen Begierden und Neigungen räume ich große Befugnisse ein. Das Übel durch das Übel zu heilen ist mir zuwider: ich hasse die Heilmittel, die beschwerlicher sind als die Krankheit. Von der Kolik befallen sein und das Vergnügen entbehren, Austern zu essen, sind zwei Übel statt des einen: die Krankheit zwickt uns von einer Seite, die Vorschrift von der andern. Da man schon einmal Gefahr läuft, sich zu verrechnen, verrechnen wir uns lieber im Gefolge des Vergnügens. Die Welt macht es umgekehrt und hält nur für nützlich, was lästig ist; was leichtfällt, ist ihr verdächtig. Mein Appetit hat sich in manchen Dingen recht glücklich von selbst angepaßt und dem Wohlergehn meines Magens gefügt; Saures und scharfe Saucen mochte ich, als ich jung war; da solches meinem Magen nicht mehr behagte, folgte ihm der Geschmack unverzüglich. Der Wein schadet den Kranken: er ist das erste, was meinem Gaumen widerstrebt und wozu er sich nicht überreden läßt. Was immer ich widerwillig zu mir nehme, schadet mir, und nichts schadet mir, was ich hungrig und mit Genuß verzehre. Nie hat mir eine Handlung, die mir Vergnügen machte, Schaden gebracht; und dabei habe ich jede medizinische Verordnung hintangesetzt. [...]

Wir müssen die Gesetze unseres Zustands mit Sanftmut ertragen; es ist uns bestimmt, alt und schwach zu werden und krank zu sein, aller Heilkunst zum Trotz.

[...] Man muß ertragen lernen, was man nicht vermeiden kann. Unser Leben besteht, wie die Harmonie der Welt, aus entgegengesetzten Dingen, aus verschiedenen Tönen, sanften und rauhen, schrillen und dumpfen, tiefen und hohen. Was hätte der Musiker zu bestellen, dem nur die einen gefielen? er muß sich ihrer insgesamt bedienen und sie mischen; und so auch wir das Gute und das Üble, das zusammen den Stoff unseres Lebens ausmacht. Ohne diese Mischung können wir nicht sein, und nichts ist darin weniger notwendig als das andere.

Vom zuträglichen Gebrauch der körperlichen Freuden

Ich bleibe nur immer am Boden und hasse jene unmenschliche Weisheit, die uns zu Verächtern und Feinden des Körpers und seiner Pflege machen will. Ich achte es für gleich ungerecht, ob man den natürlichen Lüsten gram oder ihnen allzusehr zugetan ist.

[...] Es gibt Leute, wie Aristoteles sagt, die sich aus wildem Stumpfsinn vor ihnen verschließen; ich kenne andere, die das aus Ehrgeiz tun. Warum verzichten sie nicht auch auf das Atmen? Warum leben sie nicht von dem, was sie haben, und verweigern das Licht, weil es umsonst ist und sie weder Erfindung noch Anstrengung kostet? Sollen doch Mars oder Pallas oder

Merkur ihnen helfen, anstelle von Venus, Ceres und Bacchus. Werden sie noch die Quadratur des Zirkels ausmitteln, wenn sie ihre Frauen beschlafen? Ich hasse es, wenn man uns heißt, mit dem Geist in den Wolken zu sein, während wir mit dem Körper zu Tisch sitzen. Ich meine nicht, daß sich der Geist darauf festnageln, noch daß er sich darin suhlen soll, aber er soll sich damit beschäftigen. Wenn ich tanze, tanze ich; wenn ich schlafe, schlafe ich; und wenn meine Gedanken auf einem einsamen Spaziergang in einem schönen Garten eine Zeitlang bei entfernteren Gegenständen geweilt haben, führe ich sie auch wieder zu dem Spaziergang, zu dem Garten, zum Genusse der Einsamkeit und zu mir selbst zurück.

Die Natur hat als Mutter darauf geachtet, daß die Handlungen, die sie uns überbunden hat, weil wir ihrer bedürfen, für uns zugleich eine Lust sind; und sie lädt uns nicht allein durch die Vernunft dazu ein, sondern auch durch den Trieb; man tut unrecht, ihre Regeln zu verfälschen. [...] Wir sind große Narren! »Er hat sein Leben in Müßiggang hingebracht«, sagen wir; »heute habe ich nichts getan.« Wie das? Haben wir nicht gelebt? Das ist nicht nur die grundlegende, sondern auch unsere vornehmste Tätigkeit. »Hätte man mich für die großen Geschäfte verwendet, ich würde gezeigt haben, was ich vermag.« Haben wir unser Leben bedacht und in die Hand genommen? so ist das größte von allen unseren Werken vollbracht; um sich zeigen und vorstellen zu können, bedarf die Natur keiner Glücksfälle; sie zeigt sich in allen Ständen und hinter dem Vorhang nicht anders als unverhüllt. Haben wir Ordnung in unsere Sitten gebracht? so haben wir mehr getan, als wer ein Buch zustande gebracht hat. Haben wir ruhen können? so taten wir mehr, als wer Reiche und Städte eroberte. Das ruhmvolle Meisterwerk des Menschen ist es, recht zu leben.

Um recht zu leben

So haben die Weisen gelebt; und das unnachahmliche Streben nach der Tugend, das uns bei dem einen wie bei dem anderen Cato erstaunt, jene fast übertriebene Sittenstrenge hat sich so den Gesetzen des menschlichen Daseins, der Venus auch und des Bacchus, sacht unterzogen und gern gefügt. [...]

Ein leichtes, lockeres Wesen gereicht, wie mich dünkt, einer starken, großmütigen Seele zu schönster Ehre. Epaminondas war nicht der Meinung, daß es dem Ruhm seiner glorreichen Siege und der vollkommenen Reinheit seiner Sitten abträglich sei, wenn er sich an dem Tanz der Knaben seiner Stadt, am Gesang und am Spiel mit Eifer beteiligte. Und keine der vielen bewundernswürdigen Handlungen des älteren Scipio, einer Persönlichkeit, der man mit Fug eine göttliche Abkunft zuschreiben konnte, macht ihn so liebenswert wie seine unbekümmerten kindlichen Possen, wenn er am Meeresstrand Muscheln sammelte und mit Laelius um die Wette lief und sich bei schlechtem Wetter damit unterhielt, das derbste, gewöhnlichste Tun der Menschen in Komödien darzustellen.

[...]

Nichts ist so schön und so recht, als richtig und gut den Menschen zu spielen, und nichts ist schwieriger, als dieses Leben leben zu können; und unsere ärgste Krankheit ist es, uns selber zu hassen und zu verachten. [...] Ich weise meine Seele an, den Schmerz und die Lust gleich verständig und gleich beständig ins Auge zu fassen, doch jenen fröhlich und diese streng, und nach ihrem Vermögen mit gleicher Sorgfalt jenen zu dämpfen und diese zu mehren.

Wert des Lebens

Die gewöhnliche Redensart vom Zeitvertreib und vom Hinbringen der Zeit läßt die Gepflogenheiten jener klugen Leute erkennen, die mit ihrem Leben nichts Besseres anzufangen wissen, als daß sie es verstreichen und fortgleiten lassen, an ihm vorübergehen und es nach Möglichkeit fliehen, unerkannt und wie etwas Lästiges und Verächtliches; ich aber kenne es anders und halte es für etwas Wertvolles und Erfreuliches, selbst da es für mich nun zu Ende geht; und die Natur hat es uns in die Hand gegeben, unter so günstigen Umständen, daß wir uns nur über uns zu beklagen haben, wenn es uns schwer wird und nutzlos vergeht. Ich schicke mich dazu, es ohne Bedauern zu verlieren, aber weil sein Verlust unabwendbar zu ihm gehört, nicht weil es beschwerlich und lästig wäre. Man kann es sparsam genießen; ich genieße es doppelt im Vergleich mit den andern, denn das Maß des Genusses hängt von dem Eifer ab, den wir darauf verwenden. Namentlich jetzt, da ich merke, wie kurz meine Lebenszeit wird, will ich ihr mehr Gewicht geben; ich will die Geschwindigkeit ihres Fliehens durch die Geschwindigkeit meines Zugreifens aufhalten, und sie desto gründlicher nützen, je schneller sie fortgleitet; im gleichen Maß, wie der Besitz des Lebens sich verkürzt, muß ich ihn tiefer und voller genießen.

Die andern spüren die Süße einer Befriedigung und des Wohlergehens; ich spüre sie ebenso, aber nicht im Vorübergehen und -gleiten; wir müssen sie kosten, schmecken und wiederkäuen, damit wir das Verdienst dessen würdigen, der sie uns schenkt. Jene genießen die anderen Freuden gleich wie den Schlaf, ohne sie zu erkennen. Damit mir sogar der Schlaf nicht auf solch stumpfsinnige Weise entschwinde, wollte ich ehedem, daß man ihn mir störe, so daß ich ihn wahrnähme. Ich gebe mir Rechenschaft über ein Vergnügen, ich nehme mir nicht nur den Schaum; ich ergründe es und wende Vernunft an, es aufzufassen. Befinde ich mich in einem ruhigen Zustand? verlockt mich eine Lust? so lasse ich sie mir nicht von den Sinnen wegstehlen, ich geselle die Seele dazu, nicht daß sie sich binde, sondern sich freue, nicht sich verliere, sondern sich finde; sie soll daran teilhaben, um sich in diesem erwünschten Zustand zu spiegeln, sein Glück zu erwägen, zu schätzen und zu vermehren. Sie ermißt so, wie viel sie Gott dafür schuldet, daß sie mit ihrem Gewissen und mit anderen inneren Leidenschaften in Frieden lebt, daß sich ihr Körper in seiner natürlich gesunden Verfassung befindet, daß er gehörig und völlig die sanften und reizenden Verrichtungen genießt, durch die es Gott in seiner Gnade gefällt, die Schmerzen wiedergutzumachen, mit denen er uns in seiner Gerechtigkeit schlägt; und wie viel es ihr wert ist, so geborgen zu sein, daß sie rings um sich her einen ruhigen Himmel erblickt; kein Begehren, keine Furcht, kein Zweifel bringt die Luft in Aufruhr, keine Schwierigkeit, über die ihre Einbildungskraft nicht ohne Anstoß hinwegginge. [...]

Ich also, für mein Teil, liebe das Leben und pflege es so, wie Gott es uns hat zurichten wollen. Ich gefalle mir nicht in dem Wunsch, daß es uns die Notwendigkeit des Essens und Trinkens hätte ersparen mögen, noch daß wir uns nähren könnten, nur indem wir ein wenig von jener Arznei nähmen, mit der sich Epimenides den Hunger vertrieb und sein Leben fristete; noch daß man die Kinder stumpfen Sinnes mit den Fingern oder mit den Fersen hervorbrächte (schon eher, daß man sie, mit Verlaub, auch durch Finger und Fersen mit Lust erzeugte); noch daß der Körper ohne Begierde und Reizung auskommen möchte: das sind undankbare, unbillige Klagen. Man tut dem großen, allmächtigen Geber Unrecht, wenn man seine Gabe zurückweist, für nichts achtet und entstellt.

[...] Die Natur ist ein sanfter Führer, aber nicht weniger klug und gerecht. Ich folge überall ihrer Spur; wir haben sie mit künstlichen Fährten vermengt. Irrt man nicht, wenn man von manchen Handlungen weniger hoch denkt, weil sie notwendig sind? Mir wird man nicht ausreden, daß Vergnügen und Notwendigkeit eine sehr gute Ehe führen; die Götter sind, wie ein Alter sagt, mit ihr stets im Bunde. Wozu also ein Gebäude aufbrechen, das in so inniger Übereinstimmung zusammengefügt ist? Im Gegenteil, machen wir es durch wechselseitige Dienste noch fester; der Geist erwecke und belebe die Schwere des Körpers, der Körper hemme und berge die Leichtigkeit des Geistes. Es gibt an diesem Geschenk, das Gott uns gemacht hat, nichts, was unserer Sorge nicht würdig wäre; wir sind ihm Rechenschaft schuldig für jedes Haar. Und wir dürfen den Auftrag nicht leichtnehmen, daß der Mensch den Menschen nach seiner Bestimmung lenke; es ist dies der einfache, reine Wille des Schöpfers, den er uns ernstlich und nachdrücklich kundgetan hat. [...] Ich menge hier in den menschlichen Kinderschwarm, den wir bilden, und in die eitlen Gedanken und Wünsche, mit denen wir umgehen, keineswegs jene großen Seelen hinein, die sich durch glühende Andacht und Gottesfurcht zu beständiger und gewissenhafter Betrachtung der himmlischen Dinge erheben, die es verschmähen, unseres flüchtigen und vergänglichen Bestehens zu achten, und die sinnliche, zeitliche Nahrung leichthin dem Körper zur Sorge und zum Gebrauch überlassen.

[...] Sie wollen aus sich heraustreten und dem Menschen entrinnen; das ist Narretei: anstatt sich in Engel zu verwandeln, verwandeln sie sich in Tiere; sie machen sich klein, statt sich zu erhöhen. Solch jenseitiger Wahn erschreckt mich wie eine unzugängliche Bergspitze; und nichts ist mir im Leben des Sokrates schwerer verdaulich als seine Ekstasen und sein Dämonengerede, nichts bei Platon so menschlich wie das, wofür man ihn göttlich heißen soll. Und unter unsern Wissenschaften erscheinen mir jene, die am höchsten gestiegen sind, als die niedrigsten irdischen; ich finde auch in dem Leben Alexanders nichts so dürftig und sterblich wie seine Phantasien, daß er ein Gott sein müsse. Er hat dazu eine witzige Antwort von Philotas erhalten, der ihn in einem Brief zu dem Orakelspruch des Jupiter Ammon beglückwünschte, welcher ihn zu den Göttern gesellt hatte: »Um deinetwillen freue ich mich, doch die Menschen sind zu bedauern, die mit einem Mann werden leben und ihm gehorchen müssen, welcher das menschliche Maß übersteigt.«

Eine unbedingte und gleichsam göttliche Vollkommenheit besteht darin, daß man sein Dasein so, wie es ist, genießt.

Wir streben nach einem anderen Stande, weil wir den unseren nicht zu nutzen wissen, und verlassen uns selbst, weil wir in uns nicht Bescheid wissen. Wir können lange auf Stelzen steigen; auch auf Stelzen müssen wir mit unsern Beinen gehen; und noch auf dem höchsten Throne der Welt sitzen wir doch nur auf unserem Hintern. Die schönsten Leben dünken mich jene, die sich gemeiner menschlicher Art ohne Anspruch und Überspannung fügen. Das Alter bedarf allerdings ein wenig der Rücksicht. Befehlen wir es dem Gotte an, der die Gesundheit und eine frohe, gesellige Weisheit schützt.

Nachwort von Egon Friedell

Bei den zünftigen Historikern der Philosophie, soweit sie sich überhaupt dazu herablassen, sich mit einem so unphilosophisch klaren und weltkundigen Denker zu befassen, figuriert Montaigne als der Typus des Skeptikers. Allein bei Montaigne fließt die Skepsis nicht aus einseitiger Verneinung, sondern aus allseitiger Bejahung: er ist der Mensch, der zu viel weiß, um noch etwas Positives behaupten zu können, der keinen bestimmten Standpunkt einzunehmen vermag, weil er alle Standpunkte einzunehmen vermag, dessen Denkapparat zu weiträumig ist, um an Platzmangel zu leiden: nämlich an einem »System«.

Der Skeptiker im Sinne Montaignes ist ein leidenschaftlicher Freund der goldenen Mitte, er ist das »Zünglein der Waage«, wie Emerson sagt. Er will weder die Welt beherrschen noch sich ihr willenlos hingeben, er will sie betrachten. Sein Wahlspruch ist Dantes wunderbares Wort: *Non ci badar, guarda e passa!* Blick hin und geh vorüber: das ist die beste Stellung, die man zum Weltlauf einnehmen kann. Oder wie Byron gesagt hat: »Ich betrachte mich als Wesen, das von der Hand Gottes in die Mitte eines großen Theaters gesetzt wurde.« Der Skeptiker weiß alles, versteht alles und belächelt alles. Der Idealist nimmt die Wirklichkeit nicht ernst. Demgegenüber sagt der Realist zum Idealisten: ich nehme deine Welt der Ideen nicht ernst. Und der Skeptiker nimmt alle beide nicht ernst. Für ihn ist die Welt nichts als eine ewige Schaukel.

»Alle Dinge schaukeln ohne Unterlaß«, heißt es in den »Essays«, »die Erde, die Felsen des Kaukasus, die ägyptischen Pyramiden. Die Beständigkeit selbst ist nichts als eine schwächer geschwungene Schaukel.« Montaignes Gemütsart war eine wohltätige Mischung aus behaglicher Lebensfreude und einem beunruhigenden Hang zur Introspektion. »Ich bin von Haus aus nicht melancholisch, sondern nur grüblerisch«, sagt er von sich selbst. Das Leben an sich ist in seinen Augen weder ein Gut noch ein Übel, »es ist der Raum des Guten und des Übels, je nach dem, was du hineinlegst«: Er war zweifellos ein Stoiker, aber der liebenswürdigste und menschlichste, der je gelebt hat. Den letzten Zweck des Daseins erblickt er im Vergnügen: »Selbst bei der Tugend ist das Endziel, auf das wir es abgesehen haben, die Wollust. Dieser Wollust sollten wir den Namen des angenehmsten, süßesten und natürlichsten Genusses geben.« Er war zweifellos ein Epikureer, aber einer der spirituellsten und veredeltsten, die je gelebt haben. Der Zentralzweck seiner ganzen Philosophie aber war die Selbstbeobachtung und Selbstschilderung: »Ich studiere mich selbst; das ist meine Metaphysik und Physik.« Und der Mensch, an der Hand Montaignes auf sich selbst gelenkt, auf die liebevolle und rücksichtslose Erforschung seiner Besonderheiten und Idiotismen, Irrationalismen und Paradoxien, Zweideutigkeiten und Hintergründe, muß notwendig zum Skeptiker werden, indem er erkennt, daß er sich nicht auskennt.

Quellennachweis

Gedanken über den Tod I, 20
Von der Gewohnheit I, 13
Von der Erziehung I, 26
Von der Unbeständigkeit des Menschen II, 1
Über seinen Unfall II, 6
Vom Umgang mit den Kindern II, 8
Von der Meinung II, 12
Von der Schönheit II, 17
Über die Falschheit II, 17
Von der Gesundheit II, 37
Über die Zerstreuung III, 4
Übertriebene Strenge des Alters III, 5
Haß auf die finstere Tugend III, 5
Von der Ehe III, 5
Von der Liebe im Alter III, 5
Von der Unterhaltung III, 8
Über das Reisen III, 9
Das Reisen im Alter III, 9
Von den Kindern III, 9
Von den öffentlichen Pflichten III, 10
Über die Furcht vor dem Tode III, 12

Erklärung der Abkürzungen:
Die römischen Ziffern bezeichnen das Buch, die arabischen das Kapitel.

Michel de Montaigne, geboren 1533 in St-Michel-de-Montaigne/Dordogne, gestorben 1592 ebenda, stammte aus einer adligen Kaufmannsfamilie. Nach dem Jurastudium war er Parlamentsrat und später Bürgermeister von Bordeaux. 1585 zog er sich endgültig aus dem öffentlichen Leben zurück, um sich ganz der literarischen Arbeit zu widmen.

Kleine Diogenes Taschenbücher

Die Bergpredigt
Aktuelle Texte aus dem Neuen Testament. Ausgewählt von Christian Strich. Mit einem Vorwort von H.G. Wells

Albert Camus
Weder Opfer noch Henker. Über eine neue Weltordnung. Mit einem Nachwort von Heinz Robert Schlette und einem Beitrag von Hans Mayer

Anton Čechov
Die Dame mit dem Hündchen. Zwei Erzählungen

Luciano De Crescenzo
Sokrates. Sein Leben und Denken

Friedrich Dürrenmatt
Die Panne. Eine noch mögliche Geschichte

Albert Einstein & Sigmund Freud
Warum Krieg? Ein Briefwechsel. Mit einem Essay von Isaac Asimov

Epikur
Über das Glück. Ausgewählte Texte. Vorwort von Ludwig Marcuse

Hermann Hesse
Gedichte. Ausgewählt von Christian Strich. Mit einem Essay des Autors über Gedichte. Mit einem Nachwort von Maria Nils

Patricia Highsmith
Drei Katzengeschichten

Hildegard von Bingen
Lieder. Zweisprachige Ausgabe lateinisch/deutsch. Ausgewählt von Silvia Sager. Vorwort von Walter Nigg

I Ging

Das Buch der Wandlungen. Herausgegeben von Thomas Cleary

Franz Kafka

Die Verwandlung. Erzählung

Brief an den Vater. Mit einem Vorwort von Max Brod

Immanuel Kant

Deines Lebens Sinn. Herausgegeben und mit einem Vorwort von Wolfgang Kraus

Lao Tse

Tao-Te-King. Mit einem Nachwort von Knut Walf

Die schönsten deutschen Liebesgedichte

Ausgewählt von Christian Strich

W. Somerset Maugham

Die Leidenschaft des Missionars. Erzählung

Mohammed

Die Stimme des Propheten

Herausgegeben und Vorwort von Wolfgang Kraus

Michel de Montaigne

Um recht zu leben. Aus den Essais. Mit einem Vorwort von Egon Friedell

Christian Morgenstern

Galgenlieder. Ausgewählt von Christian Strich

Salomo

Weinen hat seine Zeit, Lachen hat seine Zeit. Die großen Dichtungen des König Salomo. Vorwort von Ludwig Marcuse

Patrick Süskind

Drei Geschichten

Susanna Tamaro

Eine Kindheit. Erzählung

Henry David Thoreau

Über die Pflicht zum Ungehorsam gegen den Staat. Mit einem Nachwort von Manfred Allié

Der französische Geist

Die Meister des Essays von Montaigne bis Giraudoux
Herausgegeben von Gustav R. Hocke

Gustav R. Hocke gibt in einem ersten Teil dieses lebendigen und amüsanten Werkes eine Gesamtdarstellung der Kunst des Essays als einer hervorragenden Dokumentierung des französischen Geistes. – Im Hauptteil kennzeichnet der französische Mensch durch die Stimme seiner großen Sprachgestalter von Montaigne bis Valéry und Giraudoux mit geistiger Schärfe und literarischer Ausgeglichenheit sich selbst in einer Folge von meisterlichen Essays, die Bestandteil der Weltliteratur sind. Das Nebeneinander der französischen Originaltexte und der deutschen Übersetzung ermöglicht ein lebendiges Eindringen in Geist und Ausdrucksform der Sprache.

Französische Moralisten

La Rochefoucault, Vauvenargues, Montesquieu, Chamfort

Herausgegeben von Fritz Schalk

»In Fortsetzung der Reflexionen Montaignes über Literatur, Politik, Geschichte, Philosophie und Religion standen die Moralisten in Opposition zum Rationalismus, gegen dessen ›metaphysische Sprachverwirrungen‹ sie in Maximen, Aphorismen und Anekdoten anschrieben. Besonders der Witz und die Ironie der Moralisten fanden in den Pariser Salons großen Anklang und zahlreiche Nachahmer; darüber hinaus beeinflußten sie u. a. Voltaire, Georg Christoph Lichtenberg, Johann Wolfgang von Goethe, Arthur Schopenhauer, Friedrich Nietzsche und Oscar Wilde.«
Der Literatur-Brockhaus

»Die Welt ist voll von Töpfen, die sich über Schüsseln lustig machen.«
La Rochefoucauld

Blaise Pascal
Größe und Nichtigkeit des Menschen

Aus dem Französischen von Ferdinand Bruckner
Mit einem Nachwort von Egon Friedell

»Pascal ist einer der größten Geister.«
Paul Valéry

»In der Vereinigung von Glut, Geist und Redlichkeit der erste aller Christen.«
Friedrich Nietzsche

»Der stärkste Geist Frankreichs seit Montaigne.« *Hermann Bahr*

»Im Anblick aller unserer Elendigkeiten, die uns rühren, und die den Hals umfassen, haben wir noch einen unabweisbaren Instinkt, der uns erhebt.« *Blaise Pascal*

Baltasar Gracián

Hand-Orakel und Kunst der Weltklugheit

Aus dessen Werken gezogen von D. Vincencio Juan de Lastanosa und aus dem spanischen Original treu und sorgfältig übersetzt von Arthur Schopenhauer. Mit einem Nachwort von Hugo Loetscher

Schopenhauer fühlte sich ebenso wie Nietzsche von den psychologischen Ansichten des Jesuiten Gracián (1601 bis 1658) angezogen und in manchen eigenen Überlegungen bestätigt. Von ihm stammt die deutsche Übersetzung von Graciáns erstmals 1647 erschienenem Hand-Orakel.

»Mit offenen Karten spielen ist weder nützlich noch angenehm. Indem man seine Absicht nicht gleich kundgibt, erregt man die Erwartung. Bei allem lasse man etwas Geheimnisvolles durchblicken und errege, durch seine Verschlossenheit selbst, Ehrfurcht. Behutsames Schweigen ist das Heiligtum der Klugheit.« *Baltasar Gracián*

Arthur Schopenhauer
im Diogenes Verlag

Zürcher Ausgabe: Werke in 10 Bänden Vollständige Neuedition. Alle Bände bringen, nach dem letzten Stand der Forschung, den integralen Text in der originalen Orthographie Schopenhauers nach der historisch-kritischen Gesamtausgabe von Arthur Hübscher; Übersetzungen fremdsprachiger Zitate und seltener Fremdwörter wurden in Klammern eingearbeitet. Die editorischen Materialien besorgte Angelika Hübscher.

Die Welt als Wille und Vorstellung I
in zwei Teilbänden

Die Welt als Wille und Vorstellung II
in zwei Teilbänden

Über die vierfache Wurzel des Satzes vom zureichenden Grunde / Über den Willen in der Natur
Kleinere Schriften I

Die beiden Grundprobleme der Ethik: Über die Freiheit des menschlichen Willens Über die Grundlage der Moral
Kleinere Schriften II

Parerga und Paralipomena I
in zwei Teilbänden, wobei der zweite als Einzelausgabe die ›Aphorismen zur Lebensweisheit‹ enthält

Parerga und Paralipomena II
in zwei Teilbänden

Aphorismen zur Lebensweisheit
Textidentisch mit Band 8 der ›Zürcher Ausgabe‹. Nachwort von Egon Friedell

Arthur Schopenhauers »Lieblingsschriftsteller« in seiner eigenen Übersetzung:

Baltasar Gracián
Hand-Orakel und Kunst der Weltklugheit
Aus dessen Werken gezogen von D. Vincencio Juan de Lastanosa und aus dem Spanischen Original treu und sorgfältig übersetzt von Arthur Schopenhauer. Mit einem Nachwort von Hugo Loetscher

Nicolas Gfeller

Eine kleine Geschichte der Ethik

Eine kurze Geschichte der Ethik, dargestellt an ausgewählten Beispielen und versehen mit einschlägigen und kommentierten Zitaten von Buddha, Lao Tse, Konfuzius, Moses, Platon, Aristoteles, Christus, Epiktet und Marc Aurel, Augustinus, Mohammed, Thomas von Aquin, Machiavelli, Montaigne, Spinoza, Kant, Mill, Nietzsche, Kierkegaard, Hartmann, Adorno, Sartre und Bloch

Kein Handbuch für ein ›richtig‹ gelebtes Leben, sondern Anstoß zu eigenem Denken.

»Der Mensch schafft sich, er ist nicht von Anfang an fertig geschaffen; er schafft sich, indem er seine Moral wählt, und der Druck der Umstände ist derartig, daß er nicht anders kann, als eine wählen.«
Jean-Paul Sartre